汉语教学学刊

HANYU JIAOXUE XUEKAN

北京大学对外汉语教育学院　主办
《汉语教学学刊》编委会　　编

2023 / 1
（总第17辑）

图书在版编目 (CIP) 数据

汉语教学学刊 . 总第 17 辑 /《汉语教学学刊》编委会编 . — 北京：北京大学出版社，2023.6
ISBN 978-7-301-34537-5

Ⅰ.①汉… Ⅱ.①汉… Ⅲ.①汉语 – 对外汉语教学 – 丛刊 Ⅳ.① H195-55

中国国家版本馆 CIP 数据核字 (2023) 第 192902 号

书　　　名	汉语教学学刊・总第 17 辑 HANYU JIAOXUE XUEKAN・ZONG DI-SHIQI JI
著作责任者	《汉语教学学刊》编委会　编
责 任 编 辑	孙艳玲
标 准 书 号	ISBN 978-7-301-34537-5
出 版 发 行	北京大学出版社
地　　　址	北京市海淀区成府路 205 号　100871
网　　　址	http://www.pup.cn　新浪微博：@北京大学出版社
电 子 邮 箱	zpup@pup.cn
电　　　话	邮购部 010-62752015　发行部 010-62750672　编辑部 010-62753374
印 刷 者	北京虎彩文化传播有限公司
经 销 者	新华书店
	787 毫米 ×1092 毫米　16 开本　12 印张　262 千字
	2023 年 6 月第 1 版　2023 年 6 月第 1 次印刷
定　　　价	42.00 元

未经许可，不得以任何方式复制或抄袭本书之部分或全部内容。
版权所有，侵权必究
举报电话：010-62752024　电子邮箱：fd@pup.cn
图书如有印装质量问题，请与出版部联系，电话：010-62756370

目　录

试论动词"建议"和"提议"的句法语义差异和使用特点 ………… 丁璐瑶　乐　耀　1

程度副词"太"的核心超量义及主观评价功能 ………………………………… 李宇凤　21

《牛津复合词手册》对汉语复合词研究的理论启示与新思路 …… 孟　凯　英凤来　35

中亚留学生"是"字句偏误研究 …………………………………… 祁　峰　田子叶　55

从马来西亚华裔的轻声习得谈起
　　——兼论针对海外华裔的轻声教学 ………………………… 邓　丹　罗施恩　71

国际中文教学版《汉语拼音方案》可行性思考 ………… 杨绪明　马一鸣　杨　捷　86

俗谚语在汉语教材中的面貌分析及编写处理刍议 ………………… 陈雅芳　信世昌　98

多模态视角下的汉语课堂互动研究 ………………………………… 王　帅　王志荣　114

面向中外汉硕生的"跨文化交际"课混班式授课及其设计与实践
　　……………………………………………………… 王　晖　张芯萍　温伟振　135

本科汉语国际教育专业教育与人才培养评价研究
　　——基于北京语言大学毕业生的调查 ……………………… 张　黎　王志尚　150

从澳大利亚语言政策演变看中小学外语教育的发展
　　——以维多利亚州中小学外语教育实践为例 ……………………………… 韩　曦　166

ABSTRACTS ………………………………………………………………………………… 178

《汉语教学学刊》稿件体例 ………………………………………………………………… 184

CONTENTS

Syntactic and Semantic Differences and Usage of Verbs *Jianyi* and *Tiyi*
.... DING, Luyao & YUE, Yao 1

The Excessive as Core Meaning and the Subjective Evaluating Function of
Degree Adverb *Tai* .... LI, Yufeng 21

Theoretical Implications and New Approaches to the Research on Chinese
Compounds: Review of *The Oxford Handbook of Compounding*
.... MENG, Kai & JIA, Fenglai 35

A Study on the Errors of Chinese *Shi* Sentences by Central Asian Students
.... QI, Feng & TIAN, Ziye 55

A Study on Neutral Tone Learning of Malaysian Chinese: The Neutral
Tone Teaching for Overseas Chinese ...... DENG, Dan & LAU, Shze-Enn 71

On the Feasibility of *Chinese Pinyin Scheme* for Teaching Chinese as a
Foreign Language .... YANG, Xuming; MA, Yiming & YANG, Jie 86

The Analysis and Compilation of Proverbs in Chinese Textbooks
.... CHEN, Ya-Fang & HSIN, Shih-Chang 98

A Study on Chinese Language Classroom Interaction from a
Multimodal Perspective .... WANG, Shuai & WANG, Zhirong 114

A Mixed-Class Design and Practice in "Cross-Cultural Communication" Course for Chinese and Foreign MTCSOL ·············· WANG, Hui; ZHANG, Xinping & WEN, Weizhen 135

A Study on the Evaluation on the Professional Education and Talent Development of Bachelor's Degree on TCSOL: Based on a Survey of the Graduates from Beijing Language and Culture University ·············· ZHANG, Li & WANG, Zhishang 150

From the Perspective of the Evolution of Australian Language Policy to See the Foreign Language Education: A Case Study of Foreign Language Education in Victoria ·············· HAN, Xi 166

ABSTRACTS ·············· 178

Stylistic Rules and Layout of *Journal of Chinese Language Studies* ·············· 184

试论动词"建议"和"提议"的句法语义差异和使用特点

丁璐瑶 乐 耀*

厦门大学中国语言文学系

提 要 作为"提出主张"类动词中的典型成员,"建议"和"提议"在意义和用法上都很接近,在某些语境中两者可以互换,但其用法又并非完全一致。本文在词典释义和前人研究的基础上,通过对一定规模语料的考察,揭示了近义动词"建议"和"提议"在实际使用中呈现出的倾向性特征,发现二者在语义、句法和语用上的差异主要在于:(1)语义上表现为施事成分、施为内容以及言说主体与对象关系的不同选择;(2)句法上表现为句法格式以及所搭配的言说主体、言说对象、修饰性成分的不同;(3)语用上表现为篇章使用模式和常出现的语体的差异。

关键词 "建议" "提议" 动词 近义词 比较

一 引言

作为"提出主张"类施为动词中的典型成员,"建议"和"提议"在意义和用法上都很接近,有时两者可以互换。例如:

(1)班长建议大家周末去春游。

这一例句中"建议"也可以替换为"提议":

(2)班长提议大家周末去春游。

但"建议"和"提议"在实际运用中又存在许多不同之处。那么,二者在词语意义、句法特征和语言使用上有何异同?本文试图通过一定规模的语料,结合这组近义词的实际使用情况考察它们在语义、句法和语用等方面表现出来的异同。

本文语料来自北京大学中国语言学研究中心 CCL 现代汉语语料库(以下简称为

---

* 通信作者:乐耀 yueyao82@163.com 361005 福建省厦门市思明区思明南路 422 号 厦门大学中国语言文学系。

"CCL 语料库")和北京语言大学现代汉语语料库(以下简称为"BCC 语料库")。我们选取了 CCL 语料中关于"建议"和"提议"的前 3000 条语料。去除无效例证①后,关于动词"建议"和"提议"的语料分别为 1132 条和 1859 条。下文在讨论"建议"和"提议"与副词、能愿动词共现时,我们还统计了 BCC 语料库中的语料进行分析和讨论。

二 "建议"和"提议"的语义比较

"建议"和"提议"都可以充当动词和名词。《现代汉语词典》(第 7 版)中对这两个词的解释分别如下:

【建议】jiànyì ①动 向人提出自己的主张。②名 向人提出的主张。
【提议】tíyì ①动 商讨问题时提出主张来请大家讨论。②名 商讨问题时提出的主张。

由此我们可以初步得知:尽管"建议"和"提议"都表示"向人提出主张",但"提议"强调的是出现在"商讨问题"的场合,目的是与在场的人对问题加以讨论,而"建议"的释义中并未包含这些信息。

作为言说动词,"建议"和"提议"都支配三个必有语义成分:言说主体、言说对象和言说内容。接下来我们将从不同语义成分的特点角度对这组动词进行考察。

2.1 "建议"和"提议"的言说主体

吴剑锋(2008)指出"由于涉及的是'言说'这一人类特有的动作,因此,言说动词的施事即言说主体一般应具有[属人]的语义特征,或者是跟人有关的机关、团体、组织等,具有言说能力或权力"。在语料中,我们也发现"建议"和"提议"的言说主体多由指人名词充当。此外,也包括与人有关的国家、机构、团体、组织等集体类名词,由人召开的会议类名词以及"报告""方法"等无生名词。下面我们进行具体分析。

2.1.1 指人名词

充当言说主体的指人名词有人称代词、人名(包括人名和其他名词的组合形式)以及普通名词中的官职、职业或头衔类名词。

首先,从指称来看,根据陈平(1987)提出的汉语中与名词指称性质有关的七种主要词汇形式,上述人称代词、人名及其组合形式在指称上都是有指和有定的;普通名词中表示官职、职业或头衔等的名词既可以是有指的,也可以是无指的。而结合语料来看,普通名词在充当言说主体时大多为有指和不定指。例如:

(3)2008 年、2009 年全国两会都有<u>人大代表</u>建议义务教育实行十二年制,有的

建议把幼儿园纳入,有的建议把高中纳入。(头衔)

(4) 有政协委员提议要在全国普及十二年义务教育,对此,社会各方意见不一,有学者认为时机尚不成熟,有学者认为中国的基本条件已经具备。(头衔)

(5) 最近的一项调查发现,手术后病人的血清锌含量显著下降,而且下降的幅度与手术大小成正比。因此,临床营养专家建议手术病人在术前术后应注意补锌。(头衔)

(6) 有的专家提议,把冰球推向社会,走自我发展的道路,有助于解决经费问题。(头衔)

例(3)—(6)句中"人大代表""政协委员""临床营养专家"和"有的专家"的指称对象是话语中的实体,所以是有指的。但读者或听者无法将具体的指称对象与其同类实体区分开来,因此是不定指的。

其次,由人名及其组合形式所表示的言说主体是高度可识别的(highly identifiable)。例如:

(7) 在小章没有明确表态是否履行合约的情况下,覃朗律师建议廖女士可以通过媒体发出通告,要求小章在规定时间内履行合约。

(8) 在会议期间,鲁茄同志向总理建议,让忻州北路梆子剧团来京为会议演出一次,总理表示同意。

(9) 而此时,已身患癌症的黄贞英老人提议,把彩电义卖,再捐希望工程。老两口的义举,感动了无数上海人。

(10) 美国总统克林顿21日提议放弃以法律形式规定的赤字削减目标。

例(7)—(10)中的言说内容所表示的主体都具有明确的来源。

最后,官职、职业或头衔类名词一般都具有较高的权威性和专业性,这类名词充当言说主体时更具有权威性,因此其言说内容往往也更容易被接受和实施。例如:

(11) 京师大学堂(以后的北京大学)的教授上书政府,建议中国加入同盟,变为中日英三国的集团来对付俄国。

(12) 一次典型治疗只需三十分钟,因此得名"午餐治疗",意思是你做完之后就可以直接会(回)去上班。但是尽量不要参加舞蹈班或跑步,因为医生建议至少要等治疗二十四小时后才能进行剧烈运动。

(13) 在2003年北京图书订货会"中国出版论坛"上,诸多专家提议以"出版创新"手段来化解这一症结。

(14) 3月2日,广州市几个部门的主要负责人从北京到湖北,提议只要让广东打捞,把船捞走,将给予湖北有关方面"相当可观的一笔报偿"(开价2000万元),若湖北人愿到广东去谈,"谈一处走一处"。

例(11)—(13)中的"教授""医生""专家"属于专业性较强的头衔或职业称谓,例(14)的"主要负责人"以及例(3)、例(4)中的"人大代表""政协委员"的身份都具有一定权威性。相比其他普通名词,由这类言说主体提出的主张会具有更强的语力(illocutionary force),因此更容易被听者采纳。

2.1.2 集体类名词、会议类名词和无生名词

充当言说主体的国家、机构、团体、组织等名词以及与会议有关的名词往往具有较高的可识别度。例如:

(15)因此,中国于1994年1月正式向美、俄、英、法四国提出了《互不首先使用核武器条约》草案,并建议五个核国家尽早就此进行磋商。

(16)1976年的国际海洋法会议上,印度等代表第三世界国家提议,每个深海探勘矿源公司每开发一个探勘区要缴初期费6000万美元。

(17)1938年国际统计学会曾建议世界各国以2000人的规模作为城镇和乡村的界线。

(18)禁毒委员会已多次提议制订禁毒反毒法令法规,但迄今未在省有关方面引起响应。

(19)如果委员长会议认为法律案有重大问题需要进一步研究,可以建议提案人修改完善后再向常务委员会提出。

(20)俄罗斯最高苏维埃紧急会议提议,由副总统鲁茨科伊代理总统职务。

而"报告""方法""学说"等无生名词多为表示定指的专有名词。例如:

(21)华盛顿共识所倡导的休克疗法建议,包括同时而迅速地实行稳定经济、自由化和私有化等一揽子政策,却未必可行。

(22)20世纪上半叶一次次严重的经济危机使得强调反周期的凯恩斯主义思潮涌现。凯恩斯主义建议,政府应使用税收和支出手段来抵消经济周期的影响。

在某些言说主体为非专有名词的语境中,我们仍可判断其为定指。陈平(1987)指出名词性成分以定指形式出现的三种情况分别是:①回指上文已经出现过的所指对象;②所指对象存在于交际双方身处的实际环境中;③所指对象与其他人物之间存在着不可分离的从属或连带关系。我们在语料中发现了符合第一种和第三种情形的例子。例如:

(23)由于评价有效性的标准及审计师审核的详细指南尚未建立,故该报告建议会计

职业界及企业界的代表共同协作。(对上文出现的"Cadbury报告"进行回指)

(24) 据报道,联合国贸发会议近日发表的一项报告提议,新兴市场国家当其货币受到攻击、外汇储备降至某种限度时,可以单方面宣布延期偿债。("报告"与"联合国贸发会议"之间存在着不可分离的从属关系)

尽管"建议"和"提议"的言说主体都能由以上名词充当,但"提议"比"建议"更倾向于与表示国家、机构、团体、组织以及会议的名词性成分搭配,在我们所统计的语料中,"提议"与以上名词性成分共现的语料共379条,而"建议"仅有77条。例如：

国家：

(25) 因此,中国于1994年1月正式向美、俄、英、法四国提出了《互不首先使用核武器条约》草案,并建议五个核国家尽早就此进行磋商。②

(26) 会上,美国率先提议建立直通联系,即所谓的"热线",该提议得到苏联的响应。

机构、组织：

(27) 妇联组织可以建议政府有关部门下发关于解决妇女问题的政策性文件,也可以向国家机关、社会团体和企事业单位推荐女干部。

(28) 最近北方局向联办提议成立晋冀豫边区临时参议会,已经联办通过。

会议：

(29) 全会建议全国人民代表大会修改宪法第四十五条,取消其中关于"四大"即大鸣、大放、大字报、大辩论的规定,这在保障国家政治生活的安定方面,也是一个很重要的问题。

(30) 会议提议联合国举行国际会议,讨论柬埔寨长期稳定的问题。

造成这一差异的原因可能是表示国家、机构、团体、组织以及会议的这些名词性成分多出现在就某一问题进行商讨的语境中。而"提议"在词义上与"商讨问题""讨论主张"有关,属于需要多方参与的行为,因此它与这些名词性成分共现的倾向也就更强。

2.2 "建议"和"提议"的言说主体与言说对象的人物关系

在上文我们已经谈到,"建议"和"提议"的言说主体多由指人名词充当,那么两个动词的言说主体和言说对象之间是何种关系呢？我们发现,"建议"和"提议"所支配的这两个成分之间都可以是"上级一下级"③"平级一平级"关系。例如：

上级一下级：

(31) 省委书记卢荣景作了批示,建议有关部门的同志论证一下。

(32) 五十年代,毛主席提议所有的人身后都火化,只留骨灰,不留遗体,并且不建坟墓。

平级—平级：

(33) 1949年，毛泽东主席访问苏联时，向斯大林建议两国签订一项新的条约，以代替1945年苏联政府与国民党政府签订的《中苏友好同盟互助条约》，苏联方面表示同意。

(34) 大学生活平淡无奇，艾伦便向盖茨提议成立一间交通数据公司，公司专门为西雅图市的交通管理系统设计程序。

然而，下级"建议"上级往往常见，而"提议"则很少出现此类情形。例如：

(35) 老板说，我们要建设家庭式的文化。如果老板是草创出身的，他很可能喜欢这个。但员工可以提出自己的意见，向老板建议：我们理解你的好意，但不该这样做。不要等被踢出局时再说。

2.3 "建议"和"提议"言说内容的实施者

Couper-Kuhlen(2014)从行为的实施者和受益者的角度对Proposal、Request、Offer和Suggestion这四种言语行为进行了区分。接下来我们将从言说内容实施者的角度对动词的言说主体(由A表示)、言说对象(由B表示)进行分析。因为，言说内容的实施者既可以是言说主体(自己)，也可以是言说对象(别人)，还可以是言说主体(自己)和言说对象(别人)一起执行建议或提议。

2.3.1 相同点

"建议"和"提议"言说内容的实施者可以分为以下三类。

第一类：A建议/提议B，A实施某一行为。

(36) 来访者是一个表现出焦虑、沮丧和记忆力减退的女人。咨询者建议用一种药物治疗来帮她摆脱这种情绪，然而来访者拒绝了。

(37) 谢尔盖提议送瓦丽姬(娅)回百货楼，而瓦丽姬(娅)害怕小伙子们取笑。

第二类：A建议/提议B，B实施某一行为。

(38) 考虑到不能放弃任何机会，我建议她联系五所大学，通过与这些学校商学院的直接接触，取得第一手资料。

(39) 看了他生气勃发的室内花园，我禁不住提议他与我们合影留念，他很高兴地同意了。

第三类:A 建议/提议 B,A 和 B 共同实施某一行为。

(40) 我建议我们用优选权交换一个其他的球员。
(41) 陈其美对黄、蒋二人更加赏识,为了培植个人的核心势力,陈其美提议三人换帖拜把子,结为盟兄弟。

例(40)中"建议"的对象并未出现,"我们"(包含建议者"我")是言说内容"用优选权交换一个其他的球员"的施事。例(41)言说内容"换帖拜把子,结为盟兄弟"的施事是"三人"(包含提议者"陈其美"),结合语境可以推知"提议"对象是"黄、蒋二人"。

2.3.2 不同点

尽管"建议"和"提议"都具有以上三类言说内容实施者的情形,但二者仍存在差异。当言说内容与"担任职务"有关时,一般多用"提议"而不用"建议"。在我们所考察的语料中,并未发现"建议"的言说内容与"担任职务"有关的情形。例如:

(42) 为了感谢我对他们的关心和爱护,他提议我为铁道游击队的荣誉队员。
(43) 我提议江泽民同志当军委主席。
(44) 老房看中了他的才干、胆识,毅然提议他担任开发区直属三大企业之一——发展总公司总经理。有人不大赞同,老房耐心说服。

以上例句中"让某人担任某一职务"这一主张往往需要经过众人一同商讨,因此从词义来看,"提议"比"建议"更符合上述语境。

三 "建议"和"提议"的句法比较

3.1 "建议"和"提议"入句后的句法格式

3.1.1 相同点

由于"建议"和"提议"的语义结构都是"言者向听者提出主张",这就决定了二者在句法结构上也具有相似性,即它们都支配言说主体、言说对象和言说内容这三个要素。其中,言说对象既可以紧随动词之后出现,也可以由"向""跟"等引介出来。

"建议"和"提议"都可以使用在以下句法格式中:

第一类:NP_1+建议/提议+NP_2。NP_1 表示言说主体,NP_2 多表示 NP_1 所提出的办法、制度、观念等言说内容。例如:

(45) 惟独两湖总督林则徐完全赞成黄爵滋的主张,并建议各种实施办法。
(46) 人大代表提议QQ实名制。

但是,我们并未发现"建议"和"提议"后接双宾语的情况,即上述例句不能改成:

(45a)＊惟独两湖总督林则徐完全赞成黄爵滋的主张,并建议我们各种实施办法。

(46a)＊人大代表提议国家QQ实名制。

第二类:建议/提议+VP。言说主体和言说对象都不出现,VP表示言说内容,这种结构多见于书面语。如:

(47)∅建议∅<u>结合我国国情,有计划地在东、中、西部普通师范院校开设特殊教育专业必修课程</u>,使更多的师范院校在校生了解特殊教育理念,掌握特殊教育基本理论知识。

(48)今天12·13,为向南京大屠杀死难同胞志哀,∅提议∅<u>今日不发不转不评搞笑性娱乐性微博</u>。

第三类:NP+建议/提议+VP。该结构中,NP为施事,VP为言说内容,言说内容的实施者可出现也可不出现。例如:

(49)通过对上述概念的辨析,我们建议∅<u>统一使用"民间组织"来指称公民社会组织</u>。

(50)京师大学堂(以后的北京大学)的教授上书政府,建议<u>中国加入同盟</u>,变为中日英三国的集团来对付俄国。

(51)有政协委员提议∅<u>要在全国普及十二年义务教育</u>,对此,社会各方意见不一,有学者认为时机尚不成熟,有学者认为中国的基本条件已经具备。

(52)早在辛亥革命前,很多革命党人就提议<u>中国搞"联省自治"的联邦制</u>。

第四类:NP$_1$+向+NP$_2$+建议/提议+VP。在这一结构中,言说内容实施者的出现与否也具有选择性。例如:

(53)考察回来,来(宋)查理向美国卫理公会布道团团长林乐知博士建议,<u>不要急于动用武力,应该首先由教会作出反省</u>。

(54)1949年,毛泽东主席访问苏联时,向斯大林建议<u>两国签订一项新的条约</u>,以代替1945年苏联政府与国民党政府签订的《中苏友好同盟互助条约》,苏联方面表示同意。

(55)大学生活平淡无奇,艾伦便向盖茨提议<u>成立一间交通数据公司</u>,公司专门为西雅图市的交通管理系统设计程序。

(56)美国的电子机械制造商(假设是华格纳公司),向中国台湾的中小企业(假设是三友公司)提议<u>双方共同研究半导体</u>。

3.1.2 不同点

"建议"和"提议"在句法格式上并非完全相同,以下两种格式对动词的选择具有倾向性。

首先,在"NP+V+VP"格式中,当 NP 表示动作"建议"的言说对象或宾语小句中动作的受事时,"建议"不能替换为"提议"。例如:

(57)当你的机器受到病毒感染时,会改变 OICQ 的可执行文件,OICQ 启动时就会产生非法操作。<u>出现这种情况的网友建议赶紧使用查杀病毒软件杀毒</u>,但最好是将一切情况考虑在之前,安装病毒防火墙(如金山毒霸)。(=建议出现这种情况的网友赶紧使用查杀病毒软件杀毒)

(58)因为证券法中已规定了股权平等,不能说这个股能上市,哪(那)个股不能上市,所以,<u>国有股问题建议由国有资产管理法来解决</u>,证券法不予包括。(=建议由国有资产管理法来解决国有股问题)

(59)如果一定要禁止,又会出别的问题,比如党政干部的配偶,就不好去禁止。所以,<u>这个问题建议由国家监察部门来管</u>。(=建议由国家监察部门来管这个问题)

在例(57)中 NP 表示言说对象,即"出现这种情况的网友"。例(58)、例(59)中,NP "国有股问题""这个问题"分别是宾语小句中动词"解决"和"管"的受事。例(57)—(59)中"建议"替换成"提议"后,句子不成立或合法性减弱。例如:

(57a)*当你的机器受到病毒感染时,会改变 OICQ 的可执行文件,OICQ 启动时就会产生非法操作。<u>出现这种情况的网友提议赶紧使用查杀病毒软件杀毒</u>,但最好是将一切情况考虑在之前,安装病毒防火墙(如金山毒霸)。

(58a)*因为证券法中已规定了股权平等,不能说这个股能上市,哪个股不能上市,所以,<u>国有股问题提议由国有资产管理法来解决</u>,证券法不予包括。

(59a)?如果一定要禁止,又会出别的问题,比如党政干部的配偶,就不好去禁止。所以,<u>这个问题提议由国家监察部门来管</u>。

其次,"经+NP+VP"格式中一般只用"提议"而不用"建议"。在我们所考察的语料中,"经+NP+提议"出现了 50 例,而"经+NP+建议"仅出现 1 例,并且后一格式中 NP 的可识别性远低于前一格式。例如:

(60)在全国政协六届一次会议上,<u>经邓颖超主席提议</u>,恢复了大会发言。

(61)<u>经基层工会委员会或者三分之一以上的工会会员提议</u>,可以临时召开会员大会或者会员代表大会。

(62) 某一开发区,由于没有资金改善投资环境,招商工作只有坐等上门。后<u>经人建议</u>,先将土地出卖,以100亩为单位,每亩只需交部分定金,买方如在规定时间内未卖出其所购土地,开发区收回土地退回定金。

相比例(60)中"经邓颖超主席提议"、例(61)中"经基层工会委员会或者三分之一以上的工会会员提议",例(62)中"经人建议"作为信息来源的"人"并不明确,可信度也更低。

3.2 "建议"和"提议"言说主体、言说对象的句法形式

3.2.1 言说主体的句法形式

在CCL语料库前3000条关于动词"建议"和"提议"的语料中,"建议"和"提议"搭配零形式言说主体的语料分别为352例和15例。由此可见,相比"提议","建议"的言说主体更倾向以零形式出现。通过进一步的考察,我们发现"建议"的零形式言说主体通常表示言者自身,即零形式可以替换为第一人称"我"。例如:

(63) 因此,∅建议:借鉴我国某些地区随班就读的经验,根据残疾类别,分别制订不同类型残疾儿童少年"具有接受普通教育能力"的国家标准。(=我建议:借鉴我国某些地区随班就读的经验)

(64) ∅建议应在给药时[一般健康成年人每10秒约给药4ml(40mg)]调节剂量,观察病人反应直至临床体征表明麻醉起效。(=我建议应在给药时[一般健康成年人每10秒约给药4ml(40mg)]调节剂量)

而"提议"的言说主体采用零形式的情况一般只见于法律条文、词典词条和含有"提议"的定语结构,此时的零形式不等同于第一人称"我"。例如:

(65)(四)∅提议召开临时股东会。

(66)【提亲】∅受男家或女家委托向对方提议结亲。也说提亲事。

(67) 同年5月22日,共产国际执行委员会主席团向全世界公布了《关于∅提议解散共产国际的决定》。

此外,我们也发现不少由"笔者"充当"建议"言说主体的情形,两个语料库中共搜索到1257例。例如:

(68) 因此,笔者在此建议,将本条的时间相应修改为"十个工作日"和"五日前"。

而"提议"则极少与"笔者"搭配,两个语料库中仅出现6例。例如:

(69) 笔者提议,建筑作品应该和文艺作品一样,立一个"著作权法",以保证作品的创作权。

那么二者在用法上为何会有这些差异呢？从语义来看，"提议"表示"商讨问题时提出主张来请大家讨论"，"讨论主张"说明"提议"出现在多方参与的情境中，有必要标示"提议者"的身份来与其他参与者区分，因此不宜采用零形式。

3.2.2 言说对象的句法形式

"建议"和"提议"言说对象都可以由人称代词、名词短语和零形式充当，但二者在后接人称代词上存在着较大的数量差异。表1是CCL语料库中两个动词后接三种人称代词作为言说对象的数量统计。

表1 "建议"和"提议"后接人称代词言说对象的数量统计

后接人称代词		建议	提议
第一人称	单数	214	7
	复数	141	26
第二人称	单数	294	5
	复数	44	0
第三人称	单数	519	15
	复数	133	15
总计		1345	68

从表1中可以看到，"建议"后接人称代词的数量为"提议"的将近20倍，这说明"建议"与人称代词言说对象共现的能力远强于"提议"。

3.3 "建议"和"提议"与副词搭配

3.3.1 与否定副词"不""没"和"没有"搭配

作为动词，"建议"和"提议"都可以受否定副词"不""没"和"没有"修饰，但这类情形并不多。表2是CCL语料库和BCC语料库中"否定副词+建议/提议"的数量统计。

表2 "否定副词+建议/提议"的数量统计

否定副词	语料库	动词	
		建议	提议
不	CCL	52	1
	BCC	631	13
没	CCL	2	1
	BCC	1	1
没有	CCL	19	3
	BCC	33	9

从表2可以看到,"建议"和"提议"受否定副词修饰的倾向较弱,而"否定副词+建议"的数量多于"否定副词+提议"。

3.3.2 与方式副词、时间副词搭配

和"建议""提议"搭配的副词除否定副词以外,还有方式副词和时间副词。表3是对CCL语料库和BCC语料库中常修饰动词"建议"和"提议"的方式副词和时间副词的数量统计。

表3 与"建议"和"提议"搭配的方式副词和时间副词的数量统计

副词		语料库	动词	
			建议	提议
方式副词	极力	CCL	6	0
		BCC	10	0
	积极	CCL	13	4
		BCC	58	1
	亲自	CCL	1	11
		BCC	2	15
	联名	CCL	4	8
		BCC	10	9
时间副词	多次	CCL	55	14
		BCC	65	12

总体而言,可以修饰"建议"的副词在数量和类型上都比"提议"更丰富。此外,我们还观察到,倾向于与"建议"搭配的副词有"极力""积极"和"多次",这些副词都指向"建议"这一行为动作。例如:

(70)因此,海南出版社主其事者<u>极力建议</u>我能结集出版,以作抛砖引玉之用。

(71)这位老知识分子是个电脑迷,虽然已经离休,但他<u>积极建议</u>开办这个老年人电脑培训班,并主动要求承担义务教学任务。

(72)90年代以来,我们曾<u>多次建议</u>举行"正式结束两岸敌对状态、逐步实现和平统一"的谈判。

例(70)—(72)中,"极力""积极"表示"建议"的力度之大,"多次"表示"建议"的次数之多。而倾向于与"提议"搭配的副词"亲自"和"联名"都指向提议者。例如:

(73)徐向前非常生气,没有因门国梁曾是自己的老部下,立过战功而庇护他,<u>亲</u>

自提议撤销了他的职务,降职使用。

(74) 1998年初,在汉阳区十一届人大一次会议上,区人大代表刘兆宁等10位教育系统代表联名提议,要求有关部门拆除这一违章建筑。

例(73)中"亲自提议"强调提议者是"徐向前"本人而非其他人,例(74)中"联名提议"指向前面提到的"区人大代表刘兆宁等10位教育系统代表"。

3.4 "建议"和"提议"与能愿动词搭配

"建议"和"提议"前面都可受能愿动词修饰,表4是对CCL语料库和BCC语料库中"建议"和"提议"与能愿动词"能""可以"和"会"的搭配情况统计。

表4 "建议"和"提议"与能愿动词"能""可以"和"会"的搭配情况统计

能愿动词	语料库	动词	
		建议	提议
能	CCL	4	0
	BCC	17	1
可以	CCL	41	13
	BCC	134	29
会	CCL	35	8
	BCC	284	24

我们可以看到,二者在数量上表现出比较明显的差异:"建议"和能愿动词搭配的能力比"提议"强。此外,当"建议"和"可以"搭配时,动词的言说对象倾向于出现。例如:

(75) 存在违规情况的,中央银行可以建议金融机构主管职能部门对其进行处理,已经造成资产风险的,禁止其负责人离职,并且要求对风险资产或损失负责。

(76) 通过这些信息,他自学成才几乎成了残疾治疗专家:他可以建议医生们该给自己开哪些最新的药,免去哪些不必要的手术。

而"提议"和"可以"搭配时,言说对象则倾向于不出现,并且包含两种情况:一种是省略,即言说对象在前文语境中已经出现过;另一种是隐含,即无法通过前文语境补出言说对象。例如:

(77) (张三反驳:我也不要占你便宜,该怎么分就怎么分,一切让法官做主好了。)很多朋友都为双方出了建议——有人认为,目前最高法院已经专门出了房产纠纷的司法解释建议稿,其中提到"暂无法分割的房产,可进行评估后按市场价计算分割",李四可以提议 ∅ 先将万家花园按目前的市价协议转让,等可以上市时再过户,现在就可以先把得来的钱分掉。

(78) 货币政策委员会主席或者三分之一以上委员联名,可以提议 ∅ 召开临时会议。

在例(77)中我们可以根据语境推知"提议"的宾语是前文出现的"张三",而例(78)的宾语并未在前文中出现过,无法通过语境补全。

3.5 "建议"和"提议"与评注性副词"最好""还是"的共现

我们发现,"建议"和"提议"的言说内容中常常出现评注性副词"最好""还是"。我们对动词与其后接宾语小句中这两个副词的共现情况进行了考察。

表 5 是 CCL 语料库"建议"和"提议"的前 5000 条①语料中,两个动词与宾语小句中"最好""还是"共现的数量情况统计。

表 5 "建议"和"提议"与宾语小句中"最好""还是"的共现情况统计

副词	动词	
	建议	提议
最好	27	6
还是	13	3

从数量上看,"最好""还是"与"建议"搭配的数量明显比"提议"多。我们分别对"建议"和"提议"与宾语小句中"最好""还是"的共现情况进行了考察。

3.5.1 后接宾语小句中的"最好"

乐耀(2010)指出,"'最好'演变成表示主观建议的副词后,多用于明示说话人委婉的建议或者意愿两种主观意义"。我们也发现了"最好"与动词"建议"和"提议"共现的情形。具体而言,言者往往会在主张提出之前阐明提出主张的理由和依据,随后通过"最好"表示自己所建议或提议的主张是诸多可行做法中最宜采纳的一种。例如:

(79) 在人力资源管理上,双向沟通极为重要。因为工作上大家都是比较严肃的,能够交心的时间不多。但是融洽的工作环境和人际关系又离不开这些,因此建议部门经理的人力资源工作,最好能在工作以外的时间与员工适当的(地)沟通,或者建立一个随时可以互动沟通的机制。

(80) 随着气温日渐升高,欧洲可能再次经历类似去年的酷热之夏。意大利卫生部因此提议,老年人最好到装有空调的电影院或超市去避暑。

例(79)—(80)中"最好"都表示说话人认为自己所主张的内容是应对某一问题的最佳做法。

同时,"最好"还可以表达说话人委婉的建议或提议,当我们将上述例子中的"最好"替换为"要"或删去时,说话人的语气会变得更直接。

(79a)在人力资源管理上,双向沟通极为重要。因为工作上大家都是比较严肃的,能够交心的时间不多。但是融洽的工作环境和人际关系又离不开这些,因此建议部门经理的人力资源工作,要能在工作以外的时间与员工适当的(地)沟通,或者建立一个随时可以互动沟通的机制。

(80a)随着气温日渐升高,欧洲可能再次经历类似去年的酷热之夏。意大利卫生部因此提议,老年人到装有空调的电影院或超市去避暑。

3.5.2 后接宾语小句中的"还是"

《现代汉语八百词》提出副词"还是"的两种用法(吕叔湘1999,254—255):

1)表示行为、动作或状态保持不变,或不因上文所说的情况而改变;仍旧;仍然。

2)表示经过比较、考虑,有所选择,用"还是"引出所选择的一项。

在我们所考察的语料中,"还是"和"建议"搭配时,也具备上述两种用法。例如:

(81)在销售中有些枯燥性的话题,也许你不得不去讲解给客户听,但这些话题可以说是人人都不爱听,甚至是听你讲就想打瞌睡。但是,出于业务所迫,建议你还是将这类话语,讲得简单一些,可用概括来一带而过。

(82)他们的眼睛老往旁人的口袋、瞅(钱)包上瞅,手上多拿一个包做掩护。王忠义建议,如携带巨款办事,还是花点乘坐"面的"为好,这实在是自我保护的一项明智之举。

例(81)前面提到"这些话题可以说是人人都不爱听,甚至是听你讲就想打瞌睡"这一情况,但是说话人还是认为这些话题有被提及的必要,因此他提出了"将这类话语,讲得简单一些"的建议。例(82)"花点乘坐'面的'"是考虑到前面提到的不安全情况之后提出的主张。

相比之下,"还是"和"提议"搭配时只具备上述第二种用法。例如:

(83)如果没有别的重要事情,我提议还是来讨论纪念"五一"的问题。

例(83)"讨论纪念'五一'的问题"是考虑到"没有别的重要事情"之后作出的选择。

以上我们讨论了"建议"和"提议"后接宾语小句中出现的表示言者意图的副词"最好"和"还是"。"最好"出现在这两个动词后接的宾语小句中都表示言者认为其主张是诸多可行做法中最宜采纳的一种;而"还是"出现在"建议"后的宾语小句中时,具有更丰富的语义内涵。

四 "建议"和"提议"的语用比较

4.1 "建议"和"提议"的篇章使用模式

从篇章语境来看,"建议"和"提议"所在小句通常有两种功能:一种是针对问题或现象提出解决办法,另一种是直接提出某种观点或主张。我们对"建议"和"提议"的上述两种篇章功能进行了考察。

4.1.1 针对问题或现象提出解决办法

"建议"和"提议"的前文语境中通常会出现关于问题或现象的描述,动词所主张的内容则是针对该问题或现象提出的解决办法。问题或现象提出之后,往往通过连词"因此""所以""于是"等引出解决办法。例如:

(84)他们认为,中国衰弱的主要原因是<u>教育不良</u>,教育可以培养"才智之士","才智之民多则国强,才智之士少则国弱"。因此建议废科举兴学堂,乡乡办小学,儿童7岁入小学,学习八年毕业。

(85)在计算旁系血亲方面,<u>我国的代数计算法与寺院法亲等计算法有着同样的缺陷,没有罗马法亲等计算法科学</u>。所以建议我国应以罗马法亲等计算法计算亲属关系的亲疏远近。

(86)会议强调要解决长期以来阻碍经济发展的结构性问题,<u>对解决当前的失业问题,未提出具体办法</u>。因此,克林顿提议召开一次专门解决失业问题的首脑会议。

(87)1958年乔木同志深感<u>中央领导同志对中国科学院工作了解不够</u>,于是就提议由中国科学院办一个内部刊物,向中央"下毛毛雨"等。

有时,问题或现象与解决办法之间也可以不出现连词。例如:

(88)然而,自发性不是让咨询者向来访者说出任何想法或情感,尤其是那些<u>负面的情感</u>。罗杰斯建议,只有当不利的情况持续不断,或它们干扰了咨询者传递共情和积极关注时,咨询者才可向来访者表明自己的负面情感。

(89)张某认为<u>"通程"二字没有吸引力</u>,提议改为"同升酒吧"。

4.1.2 提出观点或主张

"建议"和"提议"也可以出现在没有问题或现象的语境中,仅仅表示提出某种观点或主张。例如:

(90) 会晤后，蒋廷黻认为"初步试探"已经过去，自己的使命已经完成，他立即将详细情况报告蒋介石，并建议<u>应仔细计划开创将来的局面</u>。

(91) 全国经济地理研究会很早就把本书列入"经济地理学理论丛书"的选题之一。成稿以后，有的同志提议，<u>按照学科的分类，该书列入"现代地理科学理论丛书"可能更加贴切</u>。提议得到了两个丛书编委会的支持。

然而，尽管"建议"和"提议"都可以表示提出观点或主张，但"提议"的后面通常会出现其他人对该主张的反应或态度。例如：

(92) 有政协委员提议要在全国普及十二年义务教育，<u>对此，社会各方意见不一，有学者认为时机尚不成熟，有学者认为中国的基本条件已经具备</u>。

(93) 全国经济地理研究会很早就把本书列入"经济地理学理论丛书"的选题之一。成稿以后，有的同志提议，按照学科的分类，该书列入"现代地理科学理论丛书"可能更加贴切。<u>提议得到了两个丛书编委会的支持</u>。

(94) 为了给这些打工者提供一个充实自己的场所，他提议由全分局工作人员捐款，兴建一个免费阅览室。<u>领导带头，群众响应，大家捐款 1.4 万元，购买了近千册图书</u>。

"提议"在篇章使用上的这一特点体现了其"商讨问题时提出主张来请大家讨论"的词汇意义。

4.2 "建议"和"提议"所出现的语境

"建议"和"提议"并非在任何语境⑤下都可相互替换，"建议"比"提议"更适用于说明语体，"提议"比"建议"更常出现在会议等语境中。

4.2.1 "建议"多用于说明书

通过对语料的考察，我们发现，"建议"不同于"提议"的一个表现是它可以出现在说明书这一语体中，在该语体中动词言说主体常以零形式出现。例如：

(95) 由于曾发现过敏性反应病例，建议首次给药应在医务人员监察下进行。

(96) 由于盐中含有大量的钠，因此如果患有急性肾炎、水肿以及肝硬化腹水等，建议避免服用盐水，可以用白开水代替。

前文我们谈到，"提议"的言说主体采用零形式的情况一般只见于法律条文、词典词条和包含"提议"的定语结构，例(95)—(96)中的"建议"不可替换为"提议"，即以下例句合法性很低。

(95a) *由于曾发现过敏性反应病例，提议首次给药应在医务人员监察下进行。

(96a)＊由于盐中含有大量的钠,因此如果患有急性肾炎、水肿以及肝硬化腹水等,提议避免服用盐水,可以用白开水代替。

4.2.2 "提议"多用于会议等正式场合

在我们所统计的语料中,出现在会议等场合的动词"提议"有168例,而"建议"仅有17例。例如:

(97)中国花卉协会名誉会长陈慕花在中国花协第二届理事会上曾提议组建大批发公司,把生产者和消费者有机的(地)联结起来。

(98)在会议期间,鲁茄同志向总理建议,让忻州北路梆子剧团来京为会议演出一次,总理表示同意。

正如我们在前文所提到的,"提议"在词义上与"商讨问题""讨论主张"的相关性更强,因此出现在这一场合的频率也就更高。

五 结语

对于非母语的汉语学习者来说,词典是辨别近义词的主要工具,但词典所揭示的差异往往有限。储泽祥、刘琪(2021)谈到,"权威语文辞书通常会在释义时把意思相近的两个词的差别体现出来,但辞书提供的信息是有限的,因此,专门对近义词进行辨析是非常必要的"。本文借助语料库对一组"提出主张"类近义动词"建议"和"提议"进行了对比性考察,通过定量和定性结合的方法分析近义动词之间的区别和联系,发现二者在语义、句法和语用上存在以下差异:

第一,从语义来看,"提议"更倾向于与表示国家、机构、团体、组织以及会议的名词性成分共现;下级"建议"上级的情形相比下级"提议"上级更为常见;当施为内容与"担任职务"有关时,一般只能用"提议"而不能用"建议"。

第二,从句法来看,在"NP+V+VP"格式中,当NP表示动作的言说对象或后接宾语小句中动作的受事时,"建议"不能替换为"提议",而"经+NP+VP"格式中一般只用"提议"而不用"建议";"建议"的言说主体较多以零形式出现,"提议"的言说主体则很少采用零形式;"建议"与人称代词言说对象共现的能力远强于"提议";"提议"受否定副词修饰的能力比"建议"更弱;与方式副词、时间副词搭配时,倾向于与"建议"搭配的副词多指向"建议"这一动作行为,而倾向于与"提议"搭配的副词则多指向提议者;"建议"和能愿动词搭配的能力比"提议"更强;评注性副词"最好"出现在"建议"和"提议"的后接小句中时,都表示言者认为其主张是诸多可行做法中最宜采纳的一种,而"还是"出现在"建议"

的后接小句中时则具有更丰富的语义内涵。

第三，从语用来看，"提议"出现后，下文中经常会出现其他人对"提议"的具体内容的反应或态度；"建议"更适用于说明语体，"提议"更常出现在会议等语境中。

以上发现将有助于对外汉语的同义词教学，帮助汉语学习者更好地厘清"建议"和"提议"在意义和用法上的异同，从而正确使用词语。

然而，本研究也存在一些有待进一步解决的问题。首先，本文以两大语料库的语料作为语料来源，因此不可避免地存在片面性的问题，对分析的科学性可能有一定影响。其次，本文在进行动词比较时，在理论性的解释方面也存在一定不足。以上问题有待继续完善和解决。

注 释

① 即关于名词"建议"和"提议"的语料以及重复语料。
② 本文中相同例句仍连续编号。
③ 本文所提及的"上级""下级"是指言说主体与言说对象在社会权势、身份地位、知识水平以及年龄等方面的高低关系。
④ 本文仅在分析"建议"和"提议"与宾语小句中"最好"和"还是"的共现情况时将语料范围扩展至 CCL 语料库前 5000 条，其余均为前 3000 条。
⑤ 本文所讨论的语境是指语言所使用的环境，既包含特征明显的语体，也包含动词所出现的不同使用场景。

参考文献

陈 平(1987)释汉语中与名词性成分相关的四组概念，《中国语文》第 2 期。
储泽祥、刘 琪(2021)论近义词辨析的实用性，《语言文字应用》第 4 期。
韩 蕾(2013)《现代汉语指人名词研究》，中国书籍出版社。
吕叔湘主编(1999)《现代汉语八百词》(增订本)，商务印书馆。
吴剑锋(2008)汉语言语行为动词的元话语功能及句类地位，《宁夏大学学报(人文社会科学版)》第 4 期。
吴剑锋(2016)《现代汉语言语行为动词研究》，北京大学出版社。
乐 耀(2010)汉语中表达建议的主观性标记词"最好"，《语言科学》第 2 期。
中国社会科学院语言研究所词典编辑室编(2016)《现代汉语词典》(第 7 版)，商务印书馆。
Couper-Kuhlen, E. (2014) What does grammar tell us about action? *Pragmatics*, 24(3), 623—647.

作者简介

丁璐瑶,厦门大学中国语言文学系汉语言文字学专业硕士研究生,研究方向为现代汉语语法。Email:dingluyaode@163.com。

乐耀,厦门大学中国语言文学系教授、博士生导师,研究方向为话语功能语法、不同句法语义范畴之间的互动、汉语儿童词类习得等,目前着力于汉语互动语言学研究。Email:yueyao82@163.com。

程度副词"太"的核心超量义及主观评价功能

李宇凤

四川大学文学与新闻学院

提　要　本文从程度副词"太"的核心超量义出发，论证"超量"与主观评价、语用倾向的逻辑关系，解决"太"的超量/高量之争及相关的负面评价与赞叹肯定之间的矛盾问题，解释"太"的语用功能倾向与其相应的句法限制，为"太"的对外汉语教学提供简洁的理论依据。

关键词　"太"　超量　反预期　负面评价　超量感叹

一　"太"的褒贬肯否之争

程度副词"太"的研究十分丰富，涉及面广。对于"太"的主要研究问题是过量否定与赞叹肯定如何统一解释，或者说，"太"的两类表意功能如何通过句法语用限制加以区分。例如[①]：

(1)a. 他太伟大了！
　　b. 今天天气太好了！
(2)a. 他太伟大了(，我理解不了)。
　　b. 今天天气太好了(，可惜要上班)。(以上自拟)

表现在留学生对"太"的习得方面，"太A[②]"结构常有句法运用和表意不当的偏误。留学生容易将"太"类同于比"很"程度更高的副词，未注意到其否定态度倾向和作定语、状语时的限制。例如：

(3)＊听说你们学习太努力，是吗？
(4)＊有一位太好的中国朋友。(以上转引自卢福波2000)

主流的解决方案是区分"太₁"和"太₂"，说明其句法语用条件(云兴华1994；刘元满1999；吕叔湘1999；卢福波2000；肖奚强2002；徐建宏2005；陈晖、屠爱萍2008)；或者区分同一个表"超量"的"太"的两种语用功能(张琪昀 2002;杜道流 2004;张谊生 2004、2006;郑天刚 2005;钱佳 2008;胡清国、王光和 2019;常志伟 2021)。具体而言,研究者基本上通过"太 A"句的感叹/陈述性质及相关句法限制、A 的褒贬性质及说话人接受度区分肯定赞叹和负面否定的用法(云兴华 1994;刘元满 1999;卢福波 2000;郑天刚 2005;陈晖、屠爱萍 2008;钱佳 2008)。

从详细的句法语义和语用条件来区分"太"的两类用法在理论和实践方面都不是太经济,涉及条件多、难统一,记忆压力大,制约留学生学习掌握的效果。更重要的是,就"太"的程度修饰功能而言,"太"都是肯定"太 A"中 A 的量大存在③。"太"的两种用法主要是语用功能差异,来源于核心语义的常理推导,关联着人对特定性状的主观认识倾向,并逐步固化为对句法结构的限制;两种用法也并非均衡分布,应该有一个"语义—语用—句法"统一的简洁解释。

本文从超量意义出发,结合主观认知和句法语用证明:"太"具备核心超量意义;超量基于反预期反常规的比较来源,具有主观评价意义上的广义否定④性;超量预置超量后果、倾向负面评价,在"太+褒义形容词+了"构式中凸显意外感叹,遮蔽超量后果及其负面评价,在一般语境中实现为否定情感表达、否定行为和否定篇章关联等语用功能。

二 "太"的核心超量意义

程度副词"太"的核心语义是"超量"。所谓超量,是指"太"所修饰的性状程度超过说话人心中的既定限度。这个既定限度是一个模糊的主观标准,主要是说话人对一般事物性状的常识预期⑤(非预期状态),具体语境中可以体现为说话人当下的常识预期(有所预期状态)。据此,超量具备隐性比较和程度极高两个特征。多数研究者都提到"太"的比较性,或者直接采用"超量"说明"太"的意义。在绝对程度副词⑥中,"太"是比较性突出的个体(储泽祥等 1999;高永奇 1999),"太"是"过度的表示"(王力 1985),表达超过一定限度(杜道流 2004)的程度量,是超量/超标程度副词(张谊生 2004、2006;邵敬敏 2007)。

2.1 超量涵盖高量

超量和高量是从不同角度对程度量的判断,具有内在的逻辑关系。超量是一个基于参照的比较量。常识预期作为比较的参照,代表正常、常规的量范围,是一个很高的基准。所以,"非常、特别"在高量程度副词中属于超高量。超量可以推导出高量,并且高于其他高量程度副词所标示的量度。研究者将"太"的高量用法称为"极量"(卢福波 2000;徐建宏 2005;陈晖、屠爱萍 2008;尹若男 2019)正是基于"太"的超量对高量的推导结果。主观语感上,"太"的程度明显高于高量程度副词"很、特别、非常"等。我们说"太伟大/高尚/真诚了",是说"伟大/高尚/真诚"的程度超过一般常识标准,非常高甚至极高,比不突出比较的异常程度副词"非常、特别"和极量副词"十分"都要高。反过来,(极)高量不含比较特征,并不一定是超量,不具备超量的语义推导结果,像程度高过一般、附带异常评价等。所以,超量适合描述"太"的意义,且涵盖高量范围,不必区分为"超量"和"高量"两个义项。

2.2 感叹基于陈述

一般认为"太"表高量(以区别于带负面评价的超量)的证据,是感叹句中的"太 A(褒义)"有一部分表示赞叹肯定。"太"的赞叹肯定其实是对超高程度性状的语气强化表达,正如高量仅仅是从非比较的客观角度进行的超量陈述。"太"所谓高量感叹与超量陈述,所不同的是语气强弱及其附带的完句推论效果[7]。A 的褒贬性质以及感叹句用法,不会改变"太"的超量意义及其引申的评价态度。比较:

(5)a. 别太高兴了,小心乐极生悲。(转引自郑天刚 2005)
　　b. 太高兴了,结果乐极生悲。(自拟)
(6)a. 小张学习太刻苦了,谁也比不过他。
　　b. 小张学习太刻苦了,结果把身体累垮了。(转引自云兴华 1994)
(7)a. 太宽了影响货架使用率,太窄了顾客无法拿取商品。(CCL 语料库)
　　b. 太宽了!影响货架使用啊。太窄了!顾客无法拿取商品。(自拟)
(8)我去洗澡,今天没运动没洗头,头发太脏了。(日常对话)

例(5)—(8)显示,不管是绝对褒义形容词(云兴华 1994;郑天刚 2005;陈晖、屠爱萍 2008;尹若男 2019)"高兴",还是一般褒义词"刻苦"、中性词"宽"、贬义词"脏","太 A 了"都可以感叹超量程度之高,并根据语境决定其能否得到赞叹肯定解读,而且就算是绝对褒义形容词构成的"太 A 了"感叹句,仍然不排除超量陈述及其附带的否定倾向(池宇 2009;蒋成峰 2016)。

"太"的超量意义与陈述/感叹、A 的贬义/中性/褒义、负面评价/赞叹肯定之间没有选择限制关系。即无论是否感叹,"太"都表超量,超量的感叹句和陈述句可以相互转换;A 的褒贬不影响"太 A"进入陈述句或感叹句,所谓"绝对褒义"A 也不保证"太 A 了"感叹句一定体现赞叹的主观肯定评价。如表 1 所示。

表1 "太"的超量意义与 A 的陈述/感叹句类、主观评价的配合关系

方面		A		
		贬义	中性	褒义
		卑劣、愚蠢、丑陋 脏、乱、差、糟 恶毒、自私、胆小	平常、一般、普通 高、低、宽、窄、大 平、直、圆、红、白	高尚、正直、伟大 高兴、欢喜、幸运 自信、无私、刻苦
句类	陈述句	＋	＋	＋
	感叹句	＋	＋	＋
主观评价	负面评价	＋	＋	＋
	赞叹肯定	－	－	－/＋
超量意义		＋	＋	＋

注："＋"表示具备相关配合或特征，"－"表示没有相关配合或特征。

2.3 超量源自"过分"

程度副词"太"产生于先秦，本义就是"过分"，到清代都没有显著的赞叹用法，以不带"了"为主（唐贤清 2003；叶玉英 2009；杨卫和 2011；廖娟 2012；王素改 2016）。"太"的本义相当于"过"，并逐渐发展出主观负面评价倾向，以区别于"过"。即，"太"＝"过"＋负面评价。副词"过"没有赞叹肯定用法，都是对过量程度的描述，形成相对客观的"超量"用法。"太"更适合主观口语表达，也就更适应情感强度高的感叹句。我们在当代科技文献中更容易看到"过"，如"发动机过热导致故障""过快的经济增速或将带来不利影响"中的"过"不适合换成"太"。也就是说，不管从历史还是现实来看，"太 A 了"的赞叹肯定用法都是"太"的特例，超量及主观否定评价既是"太"的本原也是其本质。

在"太"与"过"的对比中，可以看到"太"类似于主观情感增强版的"过"。"过"没有感叹句，不能说"过漂亮了！""过丑了！""过宽了！"，也就没有赞叹肯定用法。两者的超量意义相当，主客观倾向有别，可以配合使用，构成"太过、太过于"等表达，并有词汇化趋势（胡丽珍、雷冬平 2009；殷树林、高伟 2018；常志伟 2021）。

三 超量"太"的反预期赞叹肯定功能

"太"的超量意义基于超越主观预期的比较结果，内置反预期、反常规的否定评价。换句话说，"太"的超量是对其修饰对象 A 程度及量大存在的客观肯定，也关联着对 A 程度超量的主观否定态度：（一）反预期引起的意外评价；（二）反常规引起的负面评价。

"太"不仅是基于超量的高量程度副词，也是主观评价副词（云兴华 1994；刘元满

1999;卢福波 2000),体现反预期性质。反预期是对预期的否定,信息量大(袁毓林 2008)。反预期与常规情况相偏离(Heine et al. 1991,192),即体现反常规性。"太A"强调反预期反常规的超量程度之高,同时也附带主观的意外甚至负面评价倾向。超量即过量,过量容易引起"过犹不及"的消极评价,且预示着不利的现实影响(可称为"超量后果")。

研究者都注意到"太"表负面评价的绝对优势,其占比超过80%(卢福波 2000;崔建新、李宇凤 2001;尹若男 2019;杨佑文、张明静 2020;鲜丽霞 2021)。同时,"太"也有一种"太A(褒义)了!"赞叹肯定用法。语用数据和理论证据(如表1)都表明,"太"的赞叹肯定是一种特例[8],不妨看作一种结构成分受限的构式义。我们首先基于"反预期—意外—感叹"相互作用,讨论超量意义如何在构式中限定对A程度的赞叹肯定,在此基础上阐述超量意义通常的负面评价倾向在句法结构和语用功能上的具体表现。

"太"的赞叹肯定基本体现的是超量肯定程度A的客观本义,主观评价上的赞叹是对A褒义程度超量的一种自然态度。"太"赞叹肯定功能的实现,主要依附于感叹语气。"太"的反预期超量带来意外,而感叹是意外的语用表现,体现说话人强烈的感情和情绪(陈振宇、杜克华 2015)。感叹将强烈的情绪情感集中到"太"的超量上,突出了超量本身的程度信息价值,再加上感叹语气独立、独自成句,有效地阻断了超量后果的出现(隐入背景),致使"太A了"集中表达超高程度,部分遮蔽其负面评价解读。表现在句法上,"太A"必须用于感叹句,受到述谓限制,绝对倾向于"太A了!"形式。

3.1 超量感叹的语气凸显

"太"本是超量程度描述,并不表感叹。"太"要构成感叹句,要么通过语气韵律,要么采用语气词"了"[9]。说话人给"太"带上重音,凸显其超量实义,突出夸张意味和语气,构成感叹句(卢福波 2000),感叹强调"太A"程度之高。例如:

(9)A:电影怎么样?

B:太伟大!/太精彩!/太好看!/太无聊!/太一般!/太长!/太短!

(自拟)

(10)一拳一拳地下去,太美,太过瘾!(转引自肖奚强 2002)

(11)L:我家猫也太可爱了吧!太活泼了!太好玩儿了!

C:你家猫太多了!你太喜欢猫了!

L:你太不喜欢猫了!(日常对话)

例(9)是自拟的对话。在该语境下,无论A的褒贬及心理接受与否,"太A"都可以成立,其中褒义"太A"结构突出超量程度肯定,负面否定不显;但重音必须落在"太"上面,否则站不稳。例(10)是实际发生的例子,说明"太"单纯强调超量重在感叹程度之高,不一定要"了"。例(11)中L感叹自家猫可爱等一系列优点的程度超量,C感叹回应强调"猫太多"和"太喜欢猫"的现实超量,L接着感叹反驳C的负面特征"太不喜欢猫"。褒贬是A的性质,不是"太"的特征,所以三个话轮中的"太A了"分别感叹褒义、中性、贬义性状的程度超量。可见,"太A(了)"的超量程度肯定对A的褒贬性质/接受程度没有选择限制。所谓赞叹肯定,"赞叹"是褒义/接受性的超量程度带来的,并非"太"的作用。

超量感叹的"太A"更倾向于带"了",增强感叹语气,标记语句完结(刘元满1999;吕叔湘1999;卢福波2000;肖奚强2002;李宇凤2007;陈晖、屠爱萍2008;尹若男2019)。感叹语气词"了"从两方面增强"太"凸显超量程度的作用。一是通过感叹语气增加"太A"性状的现实性,聚焦"太A"的超量程度。二是结句之后,阻断超量后果的表达和理解。没有"了"的"太A"感叹作用基本消失,句子像陈述没说完(陈燕玲2004),需要隐含或者说明否定相关的前因后果(刘元满1999),凡是不加"了"的"太A"都表消极"过分"之义(刘元满1999;杜道流2004),即使A是明显褒义的成分。例如:

(12)这办法太好了。(转引自刘元满1999)

(13)素宁,你的诗我看了,写的真好,你的感情太真挚了。(转引自邵敬敏2007)

去掉上述例句中的"了",句子感叹性不足,会向负面评价表达转换,因为超量后果没有出现,句子就会显得不完整。

3.2 超量感叹的述谓限制

"太A(了)"用于超量感叹,只能作句子的谓语或补语(刘元满1999;卢福波2000;徐建宏2005),以配合感叹的前景表达。这与感叹程度副词"真"的用法接近,与非感叹的"很"相区别(张琪昀2002;单韵鸣2004;廖娟2012)。我们说"天气真好",却不说"今天是真好的天气",或"天气真好了",因为"真"是感叹程度副词,不用于描述,也不需要"了"赋予感叹语气。"今天天气很好""今天天气很好了/的"和"今天有很好的天气"都可以说,其中"了"表变化不表感叹,因为"很"是陈述用的高量程度副词。相比之下,"太"是超量程度描述的陈述性副词,在感叹语气帮助下,"太A了"和"VP得太A(了)"明确表感叹,强调程度超量。

可见,超量感叹的"太A(了)"是对超高程度的强调肯定,使超量潜在关联的后果及负面评价不明显,让"太A了"感叹句中的"太"看似高量程度的主观赞叹肯定评价。

四 超量"太"的反常规负面评价功能

按照超量语义的主观来源(超过预期常规量)和附带评价倾向(反预期反常规否定),

"太"内置显著的主观表义趋势;超量意义肯定程度量高的同时也附带"过分"的主观否定评价。表现在语用中,超量"太"很容易关联超量后果,带着负面情绪。超量语义与反预期反常规的内置逻辑关联,加上长期配合超量后果的表达造成的语境吸收固化,形成了"太 A(了)"结构压倒性的负面评价倾向,并语法化为对句法条件和篇章语义的搭配限制,造就"太"独特的"程度修饰+主观情态"功能。超量"太"负面评价的语法化又进一步促进其关联的具体语用功能的倾向性发展。下面我们具体讨论"太"负面评价语法化后在句法和语用两方面的表现证据。

4.1 超量负面评价的句法表现

超量"太"的负面评价,适用于所有感情色彩的 A,不受"了"隐现的直接影响,作用于所有句法位置上的"太 A",形成标志性的句法语义限制。

4.1.1 修饰对象 A 的褒贬自由

"太 A(了)"隐含超量后果,体现负面评价态度。从表 1 可知,无论出现在哪种句式或修饰何种感情色彩的 A,"太 A(了)"都表达超量意义,都不排斥负面评价,不限制相关超量后果的理解或表达。至于超量后果要不要表达,则取决于具体语境,而超量本身是负面倾向的。贬义 A 的超量肯定带来超量后果,自然引发负面评价;关键是中性 A 的超量,也引发"过量"负面理解,关联超量后果;褒义 A 的超量,只有在独立感叹句中才会理解为正面的赞叹,但也不排斥甚至倾向于理解为可能的超量后果。可见,超量"太"的"后果+负面"语义联系强,语法化程度高。

构式"太 A(褒义)了"中的正面赞叹,其实是人们对超量正面性状的态度,并不针对"太",这从各类感情色彩的"太 A"对比中可以明显看出来。"太 A 了"中 A 的褒义与其负面评价态度是可以分离的,相关超量后果是可以隐藏、暗示和显现的。例如:

(14)太漂亮了!手机内存告急!(转引自朋友圈,原文配有一张猫咪图片)

"漂亮"是个好词,并不代表"猫咪太漂亮了"就只能表肯定赞叹。实际上例(14)的"太漂亮了"一方面是肯定赞叹"猫好看",另一方面也说明好看的负面结果"手机内存不够拍照"。

4.1.2 隐去"了"的陈述及负面评价强化

负面评价的"太"不限制使用"了",但隐去"了"的"太 A"形式绝对倾向于超量陈述。陈述性的"太 A"只能表达消极意义(杜道流 2004),其负面评价是默认理解的,很强势。实际上,"太 A 了"如果作为陈述理解,比如带上后续表达,也会突出"太"的负面评价,如例(5b)—(7b)所示。

"太 A(褒义)"感叹句很不常见,需要带特殊重音,且基本理解为负面评价,暗示超量后果的存在。"太A"中贬义、中性的A容易跟陈述性的负面否定取得一致,很常见。我们很难把例(15)中的"太好!/太漂亮!"理解为赞叹肯定,当作负面评价则相当自然。

(15)太累!/太坏!/太宽!/太窄!/太好!/太漂亮!(自拟)

4.1.3 句法语义的负面配合限制

理论上,"太A"可以出现在主、谓、宾、定、状、补等句法位置⑪,但超量负面的"太"对"太A(了)"表达提出了句法位置及语义关联方面的基本限制。陈述性的"太A(了)"必须体现超量后果,明确负面评价,否则会造成句法错误。

"太A(了)"具有述谓性(张谊生 2004),一般不作定语(刘元满 1999)或状语(卢福波 2000),其作定语或状语的比例极低⑫(尹若男 2019)。"太A"如果作定语或者状语,必须搭配句中或句外的否定意思表达(刘元满 1999),以显性表达"太A"的超量后果,满足负面评价需要。"太A(了)"的述谓限制,是对其述谓隐含的负面评价提出的要求。述谓性"太A(了)"的超量后果为听说双方共知默认,可以不出现;定语、状语位置则要求"太A"的负面评价态度通过显性超量后果体现。

陈述性"太A(了)"要求体现负面评价态度,除了通过单句搭配项明示超量后果,还可以由复句表达。所以,"太A(了)"常用于条件复句(肖奚强 2002)、因果说明语境(刘元满 1999),通过结果分句的超量后果体现"太"的负面评价等。例如:

(16)＊那盆太美的花放在桌子上。

(17)太高级的家具我们买不起。(以上两例转引自刘元满 1999)

(18)a. ＊同学们都太认真地听张教授作报告。(转引自卢福波 2000)

b. 同学们都太认真地听张教授作报告,错过了午饭时间。(自拟)

c. 哲学史上的怀疑论者大抵都是太认真地要追究人类认识的可靠性,结果反而疑团丛生。(CCL语料库)

例(16)和例(17)对比可知,"太A"作定语其负面否定不能由述谓语气体现,需要通过句中否定类成分配合表达超量后果,从而间接体现。卢福波(2000)用例(18a)等证明"太A"不能作状语,实际上,只要超量后果表意完整、负面评价明确,就可以成立,如例(18b、c)。"太A"作定语、状语很少用,是因为"太"的陈述性超量及其语用负面义有明确的信息价值,是表意重心,更适合述谓性表达,不适宜放在太低的句法层级加以隐藏。

4.2 超量负面评价的语用表现

现实交际中,超量"太"实现为负面的情感、行为和语篇等具体的语用功能。

4.2.1 宣泄负面情感

口语对话中的"太A了"感叹句,作谓语或补语,都是最常见用法。⑫说话人用"太A

了"感叹抒发惊恐、不满、愤恨、嫉妒、伤心、烦恼等负面情感。例如：

(19) a. 他太走运了！（全靠运气）/你家太豪华了！（有钱了不起）/这课讲得太深入了！（不好掌握）/他这事儿办得太漂亮了！（挑不了他的毛病）
   b. 公司太远了！/他太矮了！/菜点太多了！
   c. 我太倒霉了！/这太不公平了！/今儿菜太咸了！/搞得太仓促了！

(以上自拟)

4.2.2 实施否定行为

"太 A(了)"隐含超量后果，可以通过隐喻方式以原因代结果，直接实施拒绝、批评、责骂、驳斥、抵制、劝阻等否定性言语行为。简单讲，说某个要求、建议、决定等超量带来不利影响，就等于反对该要求、建议、决定等。形式上，"太 A"可以用于疑问句、后带"吧"、前有"有点儿"修饰等。"太 A(了)"的行为否定还可以通过"不要太 A(了)"的否定祈使直接表达。例如：

(20) W:（今天去，）我们可以明天爬（山）。
    L:那明天再去。我下午约了人装网络。
    W:一天太赶了吧。
(21) M:买这个，这个功能多，漂亮。
    T:太贵了。
(22) X:哦，以后给它在楼上也放一个猫砂盆好了。
    L:是不是有点儿太宠它了？
(23) Z:出来吃烧烤？
    F:工作。
    Z:不要太累了。（以上日常对话）

4.2.3 构建否定性篇章关联

"太 A(了)"的负面评价隐含关联超量后果，两者的表里联系常用于构建否定性篇章关联。所谓否定性篇章关联，是指说话人用"太 A(了)"解释自己或对方的负面不利的状况、观点、行为等。"太"用以解释说明非偏爱(non-preferred)行为（鲜丽霞 2021），是否定性篇章关联的一种体现。例如：

(24) 3B:我我家也有个这个锅，我还觉得这锅还挺——
    4A:这个锅太慢了。
    5B:是不是？

6A：我觉得还是太慢。

7B：难怪每次宫保鸡丁都失败呢。（转引自鲜丽霞2021⑬）

(25) 3A：啊我那时候就想学这样皮，这么些年都还没有学会。

4B：太忙了是吧？（转引自鲜丽霞2021）

(26) X：(表情：快哭了)

L：咋回事？

X：哎，工作上的事情太让人崩溃了。（日常对话）

(27) R：怎么就进医院了呢？要注意身体啊。

L：工作太多了。（日常对话）

例(24)和例(25)的"太A了"分别解释宫保鸡丁"失败"和"没有学会"的原因，即某方面性状超量带来负面结果，态度是否定的。例(26)通过"太让人崩溃"关联解释"快哭"的行为。例(27)中"工作太多了"是对"（不）注意身体""进医院"的解释。

"太"的超量主观性突出，在口语对话中表现明显。语言本质是对话的（沈家煊2019，123）。表达者对对话进行转述和组合拼接，就会得到"太A（了）"的叙述表达（沈家煊2021）。叙述中的"太"更多体现否定性篇章关联功能。例如：

(28) 由于该片政治色彩太浓，主题与民众愿望相反，所以上座率极低。

(29) 生命太短暂，不能在不喜欢的事情上浪费我们的大好时光……

(30) 那人物、戏文、音乐，真是太美了！我一下子就迷上了。

（以上选自CCL语料库）

总之，"太A（了）"的交际作用是负面评价，通俗讲就是"超量不好（会有后果）"。句法语义上，各类A都带超量反常的负面评价，去掉"了"的"太A"都是负面评价的，作定语、状语或者复句中分句的"太A（了）"必须配合负面否定表达才可以成立。语用上，"太A（了）"在情感、行为、篇章关联方面都实现为否定类功能。

五 "太"的核心超量意义与教学要点

本文论证了程度副词"太"的核心超量意义及其负面评价的主观语用效果，综合解释了"太"的负面评价倾向、述谓限制（作定语、状语需搭配超量后果表达）、负面否定性情感/行为/篇章功能等，阐明了"太"的赞叹肯定用法的实质是正面褒义的超量程度强调遮蔽了超量负面评价的有标记现象。

从程度副词教学的角度看，"太"是介于"真"和"很"之间的主观陈述副词。"太"是主观副词,其主观性在于超量带来的负面后果和评价,不能替代"很"表达比"很"程度更高的客观中性的程度修饰。"太"是主观陈述副词,其感叹用法特点为:(一)通常用作谓语或补语并带"了"突出感叹语气,不像"真"那样不带"了"直接构成感叹句;(二)作为超量程度底层的负面评价能够被感叹遮蔽,但并不会消除,所以"太 A 了"仍然可以表达负面的评价感叹,而"真"本身没有这种负面性[⑩]。

"太"的教学,直接从核心超量意义开始,解释"过犹不及"的主观负面蕴含(可以结合中华民族的"中庸"文化性格)。告诉学生在简单谓语句中"太 A 了"超量程度感叹可以掩盖负面态度,强调正面的超量程度一定要用"(V 得)太 A(褒义)了"感叹句。其他时候,"太 A(了)"都容易引起负面解读,简单谓语句直接表负面评价,而定位、状语位置或者因果解释等关联复句中需要配合说明超量带来的负面结果,句子才算表意完整。

注 释

① 文中所用例证,如果是短语句法方面的,没有什么争议,通常为自拟或转引其他研究中自拟的例证。对于需要展示特定语气、评价意义、语用功能等的例证,选自北京大学 CCL 语料库、自建口语语料库和转引自其他研究论文。日常对话中的大写字母代表说话人姓氏首字母。

② A 是形容词 Adjective 的缩写。这里代表程度副词"太"所修饰的具有程度可变性的以性质形容词为主的成分,包括心理动词、情态动词等程度性动词及其短语,专有名词等特征凸显名词,等等。定量性质形容词或状态形容词在交际语用中产生程度变动,也可以受"太"修饰(邵敬敏 2007)。

③ 根据石毓智(2001,52)的肯定和否定公理,"量大的事物肯定性强,量小的事物否定性强","太 A"中"太"对 A 的作用自然是肯定的,这属于"太"的客观语义。研究者所看到的"太"的否定倾向或者肯定赞叹,是"太"的语用功能;因为功能源自"太"客观语义自然推导的主观认知,在长期使用中形成表层的句法限制。诚挚感谢匿名审稿人提醒我们区分"太"研究当中的语义、句法、语用并厘清其中的逻辑关系,论文质量因此得以提升。文中错误一概由作者负责。

④ 否定是非常宽泛且具争议的逻辑概念,语义上"少、小、非、无、反、负"等都属于否定范畴并可作为语言中否定词的来源,且否定关联心理、语用、句法形式等方方面面。参见 Horn(2001)。本文中"否定"指否定的逻辑语义概念,"负面"特指否定类型中对"不利不好"等内容的主观评价。

⑤ 大量学者致力于确定超量的参照标准,有非常主观的说话人心理标准/预期/限度等,也有相对客观的理想认知模型(Idealized Cognitive Model,简称 ICM)。我们认为 ICM 太理想化,而个人心理标准太随意。其实参照标准具体是什么并不重要,因为参照标准是否合意/可接受不适合区分"太"的不同评价功能。我们采用常识预期作为超量参照标准,只是用来说明"太"的超量基于比较,比较参照的标准带有先在的合理性,会引起主观解读。

⑥ 程度副词按照是否采用显性比较方式(用于比较句)区分为绝对程度副词和相对程度副词(王力 1985;周小兵 1995;张谊生 2000),绝对程度副词也是由参照比较得出的程度高低(邵敬敏 2007)。

⑦ 感叹句的"太 A 了"具有完句作用,会阻断"太"的否定评价理解,后面第 4 节会详细论述。
⑧ 需要指出的是,"太"赞叹肯定功能的语法语用受限,跟它在日常感知和对外汉语教学中的显著度并不一致。"太好了!""太漂亮了!""太有意思了!"等表达日常常用、结构简单、表意明确、便于套用,对外汉语教学中引入得比较早。"太"赞叹肯定的显著度使其具有"高量"这一专门义项,并被留学生泛化应用于高量修饰语境,造成如例(3)、例(4)类偏误。
⑨ 也可以用"啦",即"了+啊"的合音。
⑩ 谓词性成分可以作主语或宾语,体现评价态度,一般研究者没有讨论"太 A"的这种情况。"太 A"作主语和宾语同样需要体现超量后果和负面评价,例如"太清高了没前途""我不喜欢太累"。
⑪ 根据尹若男(2019)对 BCC 语料库的调查,"太"结构作定语和状语的比例为 4.00%,其中状语仅 2 例。
⑫ 在《国际中文教育中文水平等级标准》中,"太"属于一级词汇。
⑬ 为理解方便,我们删减了原文例子中不影响功能理解的副语言信息,包括延长音、话语交叠、停顿等。
⑭ "真"的感叹,有负面评价的语用发展趋势,如"真是、真的(是)"等正在成为否定话语标记。这从一个侧面说明,极高的程度量有向负面评价转化的趋势。

参考文献

常志伟(2021)也谈"过于""太过"的副词化历程与动因,《南京师范大学文学院学报》第 1 期。
陈　晖、屠爱萍(2008)程度副词"太"后面的褒义形容词,《广东教育学院学报》第 2 期。
陈燕玲(2004)"很"与"太"连带结构的比较与分析,《泉州师范学院学报(社会科学)》第 3 期。
陈振宇、杜克华(2015)意外范畴:关于感叹、疑问、否定之间的语用迁移的研究,《当代修辞学》第 5 期。
池　宇(2009)感叹句的语义语用研究——"多么+AP"和"太+AP"对比研究,《人文丛刊》第 4 辑(北京外国语大学中国语言文学学院编),45—54 页,学苑出版社。
储泽祥、肖　扬、曾庆香(1999)通比性的"很"字结构,《世界汉语教学》第 1 期。
崔建新、李宇凤(2001)关于主观性程度副词"太"的多角度考察与分析,《汉语与汉语教学探讨集》(中国对外汉语教学学会华北分会编),12—32 页,天津古籍出版社。
杜道流(2004)与"多(么)、太、好"有关的感叹句,《语言研究》第 3 期。
高永奇(1999)感叹句中"多(么)"、"太"的语义、句法、语用分析,《殷都学刊》第 1 期。
胡丽珍、雷冬平(2009)说超量级程度副词"太过"的形成,《语言科学》第 4 期。
胡清国、王光和(2019)反预期构式"太 A 了一点",《汉语学报》第 3 期。
蒋成峰(2016)从"太"看主观程度副词的两种功能,《汉语应用语言学研究》第 5 辑(北京语言大学对外汉语研究中心编),174—185 页,商务印书馆。
李宇凤(2007)程度副词句法语用特点的调查研究——兼论程度副词量性特征与其句法语用特征的对应,《汉语学习》第 2 期。
李宇明(1999)程度与否定,《世界汉语教学》第 1 期。

廖　娟(2012)《"很"、"太"的共时与历时考察》,湖南大学硕士学位论文。

刘元满(1999)"太+形/动"与"了",《语言教学与研究》第 1 期。

卢福波(2000)关于"太"字结构的教学与研究——谈对外汉语语法教学三个平面的结合问题,《世界汉语教学》第 2 期。

吕叔湘主编(1999)《现代汉语八百词》(增订本),商务印书馆。

钱　佳(2008)《"太"及"太 A"类格式研究》,上海师范大学硕士学位论文。

单韵鸣(2004)副词"真"和"很"的用法比较,《汉语学习》第 6 期。

邵敬敏(2007)论"太"修饰形容词的动态变化现象,《汉语学习》第 1 期。

沈家煊(2001)语言的"主观性"和"主观化",《外语教学与研究》第 4 期。

沈家煊(2019)《超越主谓结构——对言语法和对言格式》,商务印书馆。

沈家煊(2021)动主名谓句——为朱德熙先生百年诞辰而作,《中国语文》第 1 期。

石毓智(2001)《肯定和否定的对称与不对称》(增订本),北京语言文化大学出版社。

帅宝春(1999)说"太 A 了一点",《汉语学习》第 2 期。

唐贤清(2003)《朱子语类》中的"太"、"煞"与"太煞",《云梦学刊》第 3 期。

王　力(1985)《中国现代语法》(新 1 版),商务印书馆。

王素改(2016)《绿野仙踪》副词与现代汉语副词的比较研究——以"极、太、甚、颇"为例,《大庆师范学院学报》第 2 期。

鲜丽霞(2021)自然会话中"太 A 了"负面意义表达的话语研究,《四川师范大学学报(社会科学版)》第 3 期。

肖奚强(2002)谈程度副词"太$_1$"和"太$_2$",《零陵学院学报》第 5 期。

徐建宏(2005)程度副词"很"与"太"的用法辨析,《辽宁大学学报(哲学社会科学版)》第 2 期。

杨卫和(2011)"太"、"忒"辨,《湖北民族学院学报(哲学社会科学版)》第 3 期。

杨佑文、张明静(2020)程度副词"太"的主观性分析,《湖北工业大学学报》第 3 期。

叶玉英(2009)论程度副词{太}出现的时代及其与"太"、"大"、"泰"的关系,《福建师范大学学报(哲学社会科学版)》第 3 期。

殷树林、高　伟(2018)超量程度副词"过""过于""太过"的形成及使用特点,《语文研究》第 1 期。

尹若男(2019)《程度副词"太"共时与历时研究》,黑龙江大学硕士学位论文。

袁毓林(2008)反预期、递进关系和语用尺度的类型——"甚至"和"反而"的语义功能比较,《当代语言学》第 2 期。

云兴华(1994)"太 A 了",《山东师大学报(社会科学版)》第 1 期。

张琪昀(2002)"太"、"很"考辨,《汉语学习》第 4 期。

张谊生(2000)论与汉语副词相关的虚化机制——兼论现代汉语副词的性质、分类与范围,《中国语文》第 1 期。

张谊生(2004)《现代汉语副词探索》,学林出版社。

张谊生(2006)"太"的语义内涵和语用规约——兼论副词的语法义和语用义的区别与联系,《中国语言学报》第12期(中国语言学会《中国语言学报》编委会编),51—56页,商务印书馆。
郑天刚(2005)"太P"短语和程度常态,《语言教学与研究》第2期。
周小兵(1995)论现代汉语的程度副词,《中国语文》第2期。
Heine, B., Claudi, U. & Hünnemeyer, F. (1991) *Grammaticalization: A Conceptual Framework*. Chicago: University of Chicago Press.
Horn, L. R. (2001) *A Natural History of Negation*. Standford: CSLI Publications.

作者简介

李宇凤,四川大学文学与新闻学院副教授,研究方向为现代汉语句法语义、话语语用学。Email:yufenglicq@163.com。

《牛津复合词手册》对汉语复合词研究的理论启示与新思路*

孟 凯[1] 荚凤来[2]

1 北京语言大学国际中文教育研究院　2 鲁东大学文学院

提　要　《牛津复合词手册》前17章从语言学和心理语言学两个视角对复合词理论研究进行了回顾,汉语复合词研究可以从中获得一些理论启示,如多元理论的尝试、接口研究的拓展、历时与共时研究的结合、跨学科研究的推进等。第26章"汉藏语系:现代汉语"从复合词的分类系统和中心性两方面为汉语复合词研究提供了新思路。此章分析了汉语复合词的宏观三分系统(从属、限定、并列);针对汉语复合词的特点,提出了新的中心成分位置原则,即汉语复合词可以是左中心、右中心和双中心(并列式);"元复合"通过对底层复合成分的分析来解释汉语复合词表层离心与底层向心的冲突。

关键词　汉语　复合词　分类　中心性　《牛津复合词手册》

一　引言

《牛津复合词手册》(*The Oxford Handbook of Compounding*,下文简称"《手册》")是由Lieber和Štekauer主编的牛津语言学系列手册中的一本,于2009年由牛津大学出版社出版。《手册》分为两部分,共34章。"第一部分侧重于从理论视角考察复合词,介绍了不同理论框架对复合词的解释。第二部分则采用类型学研究方法,考察了17种不同语系的语言中复合词的情况。"(王伟2013)

---

* 本研究为教育部人文社会科学重点研究基地重大项目"汉语词法特点的探究与词法理论的建构"(22JJD740001)和北京语言大学梧桐创新平台项目"汉语第二语言词汇教学实证研究创新平台"(中央高校基本科研业务费专项资金项目,20PT01)的阶段性成果,韩旭、刘雪晴、任婧瑶、李谨、郭金锐、冯耀琳、刘志远、刘晓、陈梦玲、戴俊豪、焦燕青等同学提供了部分章节的翻译底本,刘林军教授为确定部分术语的翻译提出了重要建议,谨此一并致谢。

本文首先综览《手册》前17章的理论研究,探析汉语复合词研究可以从中获得的理论启示;再对第26章"汉藏语系:现代汉语"提出的现代汉语复合词分类系统和新的中心性原则进行述评,这是目前西方汉语复合词研究的代表性思路和方向。

二 《手册》对汉语复合词研究的理论启示

《手册》前17章侧重于不同理论框架和视角的复合词研究,每一章的写作路径基本都是在分析现有研究困境和成果的基础上,提出研究者的观点并予以论证。对这些研究的概述可以让我们透视汉语复合词研究可以借鉴的视角与思路。

2.1 《手册》复合词理论研究概述

《手册》中不同理论方法的复合词研究可以从语言学和心理语言学两大视角进行概述。

2.1.1 语言学视角

1)基本问题

第1—3章分析了复合词的地位、定义、与习语的关系、分类等基本问题。复合词与短语、其他派生词多有纠葛,这是世界语言中的普遍难题。第1章在回顾各种定义的基础上,提出了三个重要的复合词判定标准:语音、句法、屈折和连接成分。复合词虽是由语素构成的,但其组构性(compositionality)和可预测性(predictability)并不匀质,类似于习语表达(idiomatic expression)。复合词的分类有层级性,从属、限定[①]和并列是宏观层面的三分;第二层分类需考虑语义/释义关系,如从属之下的"基本(ground,如windmill)"或"动源(verbal-nexus,如bookseller)"关系[参看Scalise & Bisetto(2009)];第三层从向心(endocentric,有词汇中心)和离心(exocentric,没有词汇中心)角度分类。

2)句法视角

这一视角的复合词研究主要是在生成语法的影响下展开的,共4章相关研究。第4章回顾了运用早期生成语法研究方法讨论复合词与底层结构、复合构词与语义分类的关联问题。第7章在分布形态学(Distributed Morphology)的框架下,基于句法理论,分析词根与中心成分(head)合并构造复合词(尤其是包含论元结构的动词)的机制。第8章从信息不对称理论的角度,分析复合词在句法域和形态域如何由递归操作派生而成,复合词与短语、句子满足接口可解释条件(interface interpretability condition)的方式不同,它提供了语言机能的基础特征(如语义透明、简约性、规约性、能产性等)。第9章运用生成语法的阶段性理论——词汇主义所提出的回归传统的语法模块化方法,通过研究两个维度四类定语(归属性/关系性、交集性/区分性)的英语定中复合名词,发现词汇完整性原则(lexical integrity principle)可以明确区分复合词和短语,但在区分词库和句法时却不那么有效;复合是非常能产的构词法,但能产性因类型差异而不同,英语的左中心和离心复合词没有能产性。

3) 概念认知视角

该视角的复合词研究关涉概念、语义、认知等,共5章相关研究。第5章采用词汇语义研究法,通过分析句法和语义特征,搭建复合词分析的骨架与躯体。这一研究思路和结论与 Bisetto & Scalise(2005)一脉相承。[参看 Scalise & Bisetto (2009)]第6章基于平行结构理论和概念语义学,将复合定位于语法和词库的交叉位置,发现复合是非句法的,具有右中心性和递归性,但复合的能产性远不及句法;分解复合词的内部概念结构,给出英语复合词的基本功能列表。第10章将构式语法应用于复合词法领域,通过建构复合词的形义匹配模板,分析词库的层级性,指出复合词中心成分的位置比简单的左—右参数要复杂,复合词法构式的图式层级也可以解释综合复合词(synthetic compounds,如"fire extinguisher")及其能产性。第11章基于构词中认知和概念比形式更重要的称名学观点,主要介绍两类6种认知称名学研究方法及其对复合词的分析,一类强调抽象义和具体义的命名差异,另一类关注类似、比较和邻近的超语言、形式及心理的类型,融合两类的研究模式效果更好。第12章基于认知能力(象征化,组构,比较、范畴化和图式化,隐喻、转喻和整合)和基于使用(usage-based)的方法,研究复合的组构性与修饰语—中心成分分析、图式和基于用法视角的创造性、语言加工进程视角的复合词研究等问题,认为认知语言学能为复合词研究提供连贯而系统的解释。

4) 历时视角

第16章以印欧语系日耳曼语族为例,从历时角度讨论复合法的起源与发展。通过探讨成分的成词性标准、复合与附加的关系为复合词划界,此章发现印欧语中的复合词有一个句法源头,即复合词可以追溯到词与词的逐步结合以及短语词汇化,继而发展出一套包括词类归属、语法关系、成分组配、向心/离心等信息的详尽的复合词分类系统,语法性质不同的成分(如名、形、动、介、副等)组配复合词的方式也不同。

5) 类型学视角

第17章提供了复合词的形式标记(语音标记、连接成分、内部屈折)、中心成分、成分顺序、递归性、语义(向心/离心、并列式、"R变量"与向心复合词、综合复合词)等不同参数下的类型分析,对复合词类型学共性的范围持审慎态度。第18—34章分别对不同语系的17种代表性语言的复合词进行类型学考察。

2.1.2 心理语言学视角

第13—15章从心理语言学的不同侧面讨论复合词。第13章首先阐述心理语言学关注的三个理论问题：复杂的词是如何表征的，分解何时出现，形态是否被明确表征；其次回顾心理语言学的研究方法，讨论复合词加工难易度的影响因素（整词和成分频率、词族大小、构词力）；最后分析心理语言学最近关注的问题，如复合词加工的语义影响、成分整合与意义建构等。第14章面对复合词识解的基本问题"一个新复合词是如何被解释的"，在回顾了意义可预测性概念、竞争理论、C^3模型（概念组合的限制条件）等理论后，提出不依赖语境的新复合词的意义可预测性理论，主要讨论由不同语义类别构成的4种复合词称名类型的意义预测性高低，并对称名学结构规则、能产性、可预测率、原型特征、语言外知识和经验的作用、结构透明度、强势释义等因素进行简析。第15章讨论儿童对复合结构（主要是名+名）的理解和产出，涉及复合结构习得的多重任务（语音、形态、结构、语义等）、儿童使用新造词和已有词的跨语言比较、复合词习得的发展模式（理解、词汇语义因素、复合词形式和结构的习得、发展研究）等。

2.2 《手册》对汉语复合词研究的理论启示

复合词的组构性本质和其与短语结构的部分相似性，使得每一种语言学的相关理论几乎都可以在复合词研究中有所作为。正是基于这样的认识，《手册》第一部分对复合词研究的回顾涵盖了21世纪以来语言学诸多领域的重要理论和方法。借鉴这些多样化的研究视角，汉语复合词研究也可以有更深广的发展。

2.2.1 多元理论的尝试

统观《手册》的研究理论可以发现，一方面，西方语言学理论深受生成语法的影响，或在其框架内进行不同维度的研究，或与其悖逆进行其他方向的探索（如认知领域）；另一方面，跨学科、跨领域研究成为21世纪以来科学研究的新兴之势。总之，西方学者力图运用多元理论和多种方法开展复合词的多维研究。

这一研究思路在汉语学界也有所体现。近些年，汉语学界在细致分析复合词的语言共性与个性（尤其是语义方面）的基础上，借鉴西方理论进行了不少有益的尝试，如顾阳、沈阳（2001），何元建（2009），施春宏、陈艺骞（2022）等在生成语法理论框架下分析不同音节或类型的复合词；孟凯（2016b）、宋作艳（2019，2022a，b）、杜凤娇（2022）等应用构式语法理论对不同类型的复合词进行研究；邓盾（2020、2022）基于分布形态学讨论某些有争议的复合结构；生成词库理论（尤其是其中的物性结构理论）视角的复合词研究目前是一大热点，如周韧（2016），赵青青、宋作艳（2017），李强（2019），孟凯（2020）等；心理语言学视角的汉语复合词研究成果十分丰硕，恕不罗列。类似的可与国外复合词研究进行沟通和互鉴的成果可以尝试国际发表，将有利于汉语复合词研究走向世界，从而在更大的理论视域中开展国际交流和进一步的深入研究。

2.2.2 接口研究的拓展

"近年来,语言学家致力于研究语言各个层面的接口,例如:句法－语义接口、句法－形态接口以及句法－语用接口等。复合词同时具备句法和词汇的某些特征,无疑为研究句法－形态接口提供了语言事实。"(王伟 2013)对《手册》的概述让我们看到,世界语言中句法－词法(即形态)接口研究比较多,汉语复合词研究也逐渐投入接口研究之中,如董秀芳(2002)、孟凯(2016b)、施春宏(2017)、邓盾(2020、2022)等都属此类,这符合复合词同短语无论在历时层面还是共时层面都紧密关联的特点。近二十年来,越来越多的研究将汉语自古至今都十分突出的韵律纳入句法－词法接口研究,韵律－词法－句法－语义的接口研究成为复合词研究热点之一,如冯胜利(1997)、孟凯(2016a、2022)、周韧(2019)等。目前汉语复合词的接口研究除频率和语体(Shi 2022)外,所涉语用因素还比较有限,未来可在韵律、词法、句法、语用多界面中进行更广泛的探索。

2.2.3 历时与共时研究的结合

复合词所体现的历史传承性和当代能产性是历时与共时结合研究的基础。历时视角的汉语复合词研究首推董秀芳(2002),其在汉语学界最先对双音词衍生和发展的重要机制——词汇化进行系统研究,影响甚大,所提双音词的词汇化类型(短语词汇化、句法结构词汇化、跨层结构词汇化)基本奠定了后续相关研究的格局和方向。董秀芳(2002)的研究与《手册》第 16 章以印欧语系日耳曼语族为例所作的复合法历时研究在视角、类型、途径、机制等方面都可谓异曲同工。

力求从历时和共时两个维度对包括复合词在内的汉语复音词进行探讨的研究还有不少,如胡敕瑞(2005、2008)通过概念从隐含到呈现的变化(如"拱→拱手、怒→发怒/生怒")分析中古词汇的双音化途径,为汉语词汇的双音化研究开辟了一条新路径;邱冰(2012)对中古汉语词汇复音化进行了多视角研究;刘红妮(2019)专题讨论了汉语跨层结构的词汇化;孟凯(2010)、陈练军(2021)专门分析了历时而来的复合词(构式)的类推性或能产性;等等。不同类型或语义范畴的复合词在历时向共时发展过程中的共性与个性、规律性与演变特点、断代特征、语言接触的影响、地理与社会因素的作用等,都值得结合历时与共时作更全面、更深入的思考和探索。

2.2.4 跨学科研究的推进

《手册》综述了心理语言学中复合词的主要研究侧面,汉语心理语言学和汉语第二语言习得研究对复合词也很关注,成果丰赡,充分表明复合词在汉语使用者心理认知中的基础地位和重要性。近年有些接口问题成为跨学科研究热点,如 Yuan(1999、2007、2010)、袁博平(2012、2015)、武宏琛、赵杨(2018)、王思雨、赵杨(2022)等对汉语句法内部、句法－语用的接口问题进行了一系列汉语二语实验研究。汉语复合词的接口问题尚未见到相关实验研究，可以成为未来研究的发力点。

科技发展使传统的学科界限变得模糊，交叉学科研究成为新时代的要求和趋势。教育学、社会学、计算机科学/信息学（语言识别与处理、人工智能等）以及法律、经济、中医等学科或专业都与语言学密切相关，与语言学的交叉研究日益增多，汉语研究与其他学科融合交叉的思路可以参考陆俭明（2021）提出的"第一步走'语言学+'之路、第二步走'+语言学'之路"展开。语言学中最基本的单位是词汇，因为词汇是成句表达的最小单位；而汉语词汇中数量最多的是复合词，如何处理或分析复合词可以认为是汉语跨学科研究的一个基本问题。由此看来，与复合词相关的跨学科研究领域宽广，前景可期。

三　现代汉语复合词的分类系统与中心性及其评析

现代汉语是《手册》收入的唯一一种汉藏语系语言，第 26 章对现代汉语复合词进行了专题研究。这一章由从事汉语研究多年的意大利学者 Ceccagno 和 Basciano 写成。Ceccagno 是意大利博洛尼亚大学（University of Bologna）现代语言文学系教授，曾于 20 世纪 80 年代来中国学习现代汉语和中国现代史，研究兴趣包括汉语词法、跨国移民和流动、城市建设等；Basciano 是意大利威尼斯大学（Ca'Foscari University of Venice）亚洲和北非研究系副教授。两位作者均单独或与他人合作发表/出版了多篇/部汉语词法研究论文/论著，对汉语词法作过精深分析，提出了不少新见解。她们在这一章综述的现代汉语复合词法的两类研究（分类系统和中心性）代表了 21 世纪以来西方汉语复合词研究的主流方向。

第 26 章基于"复合是汉语构词中最能产的途径"[②]（Ceccagno & Basciano 2009）这一普遍认识，以 Bisetto & Scalise（2005）的复合词分类为研究起点，全面分析现代汉语复合词的分类系统，并讨论汉语复合词的中心性（headedness）。中心成分的词法位置在世界语言中是一个广受争议的理论问题，而国内汉语复合词研究对此关注较少。这一章提出了一个新的汉语复合词中心成分位置原则（Head Position Principle），这一原则挑战了一些影响甚广的假设，并有助于其他语言复合词中心性的分析。

本节介绍这一章的上述两类内容，并分别予以评析。

3.1　现代汉语复合词的分类系统及其评析

汉语复合词研究通常只聚焦某一方面，如成分关系（Xia 1946）、语义（Li & Thompson 1981）、句法描写（Chao 1948、1968；陆志韦等 1964；Tang 1989）、形式分类描写（Packard 2000/2001）。第 26 章应用 Ceccagno & Scalise（2006、2007）的研究结果分析汉语复合词，她们提出

了一个能够综合考量范畴、功能和语义的分析方法:成分的词汇范畴③(lexical category)、语法关系、语义、复合词的语义和中心成分位置。按照这一研究方法,如果缺少其中的一个,分析即使没有误导,也是不完整的。

Bisetto & Scalise(2005)的分类体系将复合词分为三种宏观类型(从属、限定、并列),每一类可以是向心或离心。不过,从属和限定之间的区别似乎无法解释存在于自然语言中的所有复合词变体。按照这一分类,许多汉语复合词不易归入某一种宏观类型。因此,这一章对宏观类型重新定义,对 Bisetto & Scalise(2005)的方案进行了修改。

3.1.1 现代汉语复合词的分类系统

1)从属复合词

从属复合词(subordinate compounds,简称 SUB)是成分之间具有论元－中心成分(或中心成分－论元)关系的复合词。包括两小类,第一类表现为,一个动性或动源(deverbal)中心成分投射一个论元,该论元由非中心成分满足。也存在一个动性中心成分带另一个动性成分作为其补语的从属复合词。如:

(1) 毒犯④[N+N]_N 'drug + vendor' = 'drug trafficker'
(2) 通关[V+N]_V 'clear out + customs' = 'clear the customs'
(3) 走高[V+A]_V 'climb + high' = 'climb up; rise'
    入住[V+V]_V 'come into/enter + live/stop' = 'move into'
(4) 竞买[V+V]_V 'compete + buy' = 'compete to buy'

(1)中的"毒贩"是一个动源中心成分("贩")的复合词,名性成分("毒")作为它的论元。(2)中的"通关"是一个动宾复合动词,左侧成分是中心。这类复合词的特点是名性成分是动性成分的内部论元(internal argument)。不过,名性成分不会使论元位置饱和(saturate),这可以通过复合动词带宾语的可能性来验证,宾语才是其真正的论元,如"投资5000欧元"。(3)中的"走高"和"入住"是结果类复合动词,也被称为动补结构(朱德熙1982;Huang 2007),右侧的动性(或形性)成分表达动作行为的结果,动作行为由结构中的第一个成分表达。(4)中的"竞买"是一个连动复合动词,右侧动性成分表达的事件需依赖于左侧动性成分。据第26章作者所述,文献并未讨论这类复合词,而是聚焦于结果复合词(resultative compounds,通常称为"结果连动结构")。这一章所说的连动复合词,与句法连动目的小句和补足语小句结构具有相同的成分关系(Li & Thompson 1981)。

第二类表现为,一个关系名性成分作为中心成分,非中心成分作为一个语义论元,使名性中心饱和。如:

(5) 警嫂 [N+N]_N 'police + sister' = 'respectful term for a policeman's wife'
(6) 价差 [N+N]_N 'price + difference' = 'price difference'

2) 限定复合词

限定复合词(attributive compounds,简称 ATT)是成分之间有修饰语－中心成分关系的复合词。包括三小类：

A) 非中心成分是一个形性或名性成分,表达了中心成分的一种属性,如"主页" [A+N]_N 'main + page' = 'homepage';"地价" [N+N]_N 'earth + price' = 'bottom price';

B) 非中心成分作为附接语(adjunct)修饰中心成分,如"口算" [N+V]_V 'mouth + (to) do a sum' = '(to) do a sum orally';"跃增" [V+V]_V 'leap + increase' = 'grow by leaps';

C) 动性非中心成分作为中心成分的修饰语,如"卖点" [V+N]_N 'sell + point' = 'selling point'。

3) 并列复合词

并列复合词(coordinate compounds,简称 CRD)是成分之间具有以下关系的复合词,或有逻辑并列关系("和"),如"蔬果" [N+N]_N 'vegetables + fruit' = 'vegetables and fruit';或有同义关系,如"靓丽" [A+A]_A 'pretty + beautiful' = 'pretty/beautiful';或有反义关系,如"呼吸" [V+V]_V 'exhale + inhale' = 'breathe',"大小" [A+A]_A 'big + small' = 'measure';或有羡余关系,如"松树" [N+N]_N 'pine + tree' = 'pine tree';或有重叠关系,如"大大" [A+A]_Adv 'big + big' = 'enormously'。

图 1 展示了根据复合词宏观类型的新定义进行的汉语复合词分类。

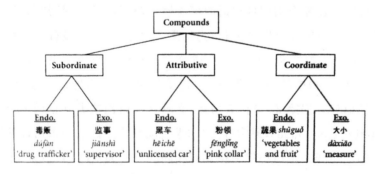

图 1　汉语复合词分类(Ceccagno & Basciano 2009)

3.1.2　对现代汉语复合词分类系统的评析

关于现代汉语复合词的分类系统,国内汉语学界主要从语法结构或语义关系进行分析,鲜从中心成分的角度给复合词分类,但这一视角的分析是国外复合词研究的焦点之一。目前国外学者对复合词的分类普遍采用宏观三分(从属、限定、并列)的方法,尚未见到国内汉语学界从这一角度进行研究。采用国际通行的研究视角讨论汉语问题,是增强汉语研究国际对话能力的重要途径之一。

第26章表明,从属、限定、并列的复合词三分系统十分精简,分类标准也很明晰:根据成分间的语法关系进行第一层分类(Scalise & Bisetto 2009)。这三类与汉语复合词的结构分类有一定的对应关系,只是并列式中的羡余类(即下位-上位定中式)和重叠类在汉语中一般不被认为是并列复合词,尤其"大大"这样的重叠类被认为是语法构形形式,而非叠音构词形式(如"婆婆")。

其实,这个三分系统与复合词中心成分的确定密切相关。并列类,无论被确定为双中心还是无中心(详析见3.2.1),在各种语言中都是特殊的,单独分为一类,可与其他两类成分间的非平行关系相区别。而现代汉语中并列式的比重又很高,据苏宝荣(2017),并列式(即联合式)占双音复合词的25.73%,单独分类讨论十分必要。从属类,其确定来自两个成分共享中心-补足语关系(Scalise & Bisetto 2009)。对于汉语复合词,这一类符合Packard(2000/2001,39)提出的简洁的汉语复合词中心性原则(headedness principle)"(双音)名词都有名性成分在右侧,动词都有动性成分在左侧",此类的统辖力和解释性是很强的。限定类,主要是名、动、形性成分对名、动性中心成分的修饰,在汉语中就是包括定中和状中的偏正式,无论名词还是动词,其中心成分均在右侧。此类是世界诸多语言复合词的主要类型,也是汉语复合词中比重最高、能产性最强、心理预测性最高的一类(江新等2016;苏宝荣2017;等等),在复合词分类系统中占有重要地位。可见,围绕着复合词中心成分的确定(这是世界语言复合词研究的普遍而首要的问题),三分系统对汉语复合词而言也是提纲挈领的,它超越了传统结构关系分类的研究视域,更能彰显词内成分与复合词语法功能的关系以及复合词法与短语句法的功能联接。

汉语有一些特殊复合词,如离合词(通常认为合为词、离为短语)、兼语式[如"请教、催眠",参看施春宏(2017)]、下文提到的元复合词等,可能会在类型分析时遇到困难。即便如此,绝大多数汉语复合词还是可以在上述三分系统中进行分类。正如第26章的研究结果所示,现代汉语复合词宏观三分之下的次分类,不像Bisetto & Scalise(2005)那样对从属和限定分别进行第二层分类,即从属分为基本和动源,限定分为限定(attributive,如high school)和同位(apositive,如swordfish)(Scalise & Bisetto 2009),而是根据汉语复合词的实际,将从属与定中、动宾、动补、连动式进行关联,在限定中考察修饰语与中心成分类别组配的多种情形;继而进行下一级向心/离心分类。

第26章所述的汉语复合词分类系统既与世界语言的复合词分类体系保持了标准和

基本层级的一致,又在尊重语言事实的前提下,通过凸显汉语复合词的特点来进行层级分类。

3.2 现代汉语复合词的中心性及其评析

3.2.1 现代汉语复合词的中心性

1)不同的理论方法

复合词的中心成分识别问题十分有趣,从20世纪80年代开始,在理论上取得了稳步发展,如 Williams(1981)、Selkirk(1982)、Trommelen & Zonneveld(1986)、Di Sciullo & Williams (1987)假定中心成分的位置在右侧不变,Scalise(1984)、Corbin(1987)、Varela(1990)宣称罗曼语族复合词的中心成分始终在左侧。Bisetto & Scalise(2002)对不同语言中不同的词法中心成分位置进行了研究,结论是世界所有语言的中心成分位置是一个需要被设定的参数。

汉语复合词研究可追溯到 Chao(1968,372)对并列复合词和从属复合词的区分,他认为并列复合词中"每个成分都是中心(centre),而从属复合词中,只有第二个成分是中心"。(第26章作者假设中心与中心成分等同)据此,汉语既有右中心复合词,也有左中心复合词。与之相反,Huang(1997)的结论是"汉语在词法上是一种无中心语言,因为最右侧或最左侧成员都不是决定复合词词类的唯一因素"⑤。Huang(1997)观察到具有相同结构的复合词却有不同的输出(output)词类,从而得出此结论。如[V+N]复合词可以是名词、动词,有时也可以是形容词。Huang(1997)没有考虑成分之间的关系。事实上,中心成分的位置也取决于两个成分的关系。如复合词"卖场"'to sell + place'='big marketplace for selling commodities',[V+N]$_N$结构的中心成分是名性成分,动性成分是它的修饰语,即'the place in which one sells'。另外,[V+N]$_V$复合词中,像"投资"'to put + money'='to invest',中心成分是左侧的动性成分,名性成分作为它的内部论元。最后,[V+N]$_N$复合词中,像"监事"'supervise + matter/responsibility'='supervisor',与第一个例子"卖场"有相同的结构和相同的输出词类,但成分之间的关系完全不同,"监事"是成分之间有动词—论元关系的离心复合词。以上例子不仅强调输入和输出词类是如此重要,而且揭示出复合词成分之间的关系有助于确定中心成分的位置。

Starosta et al.(1998)宣称汉语复合词是右中心,"或许很多非右中心的词不是复合词"。Packard(2000/2001)提出一个中心性原则:"(双音)名词都有名性成分在右侧,动词都有动性成分在左侧。"不过,这一概括仅适用于从属复合词,并未考虑限定复合词中动性成分可以是右中心的事实。而且,Packard(2000/2001)不承认并列双中心和离心复合词的存在,但二者广泛存在于汉语复合词之中。Ceccagno & Scalise(2006)指出了Packard(2000/2001)概括的局限,他们也是较早、较全面地探索汉语中心性和离心性问题的学者。Ceccagno & Scalise(2006)的数据显示,右中心复合词具有普遍性。左中心复合词的确存在于动宾和结果类中,不过,这些左中心复合词介于词法和句法之间,是复合词还是短语并不总是很清楚,这让他们假定"汉语复合词中心成分的典型(canonical)位置在右,所谓的动宾复合词和结果复合词是这一原则的例外"(Ceccagno & Scalise 2006)。

以 Ceccagno & Basciano(2007)对汉语双音节新词语语料的分析为基础,这一章接着讨论了复合词不同宏观类型中的中心性,并说明一个新的中心性原则。

2)宏观类型中的中心性

向心从属复合词中,名词是右中心的。(例见表1)从属复合动词包括动宾、结果和连动三类。(每一类词例见表2)本章作者认为结果动词是左中心的。文献通常认为结果复合词是左中心的,如 Lin(1989)、Li(1990、2005)、Cheng & Huang(1994)、Cheng(1997)、Packard(2000/2001)和 Sun(2006)都认为这些结构表现出动补关系,结果动性成分(居右)作为左侧动性成分的补语。此外,基于相应的句法结构,这一章作者认为连动复合词也是左中心的。因此,所有从属复合动词都是左中心的。汉语从属复合词的表现看起来与 Packard(2000/2001)的中心性原则一致。但是,该原则并不适用于限定、并列和离心复合词。

表1 从属复合词(右中心)(Ceccagno & Basciano 2009)

Compound	*Pinyin*	Class	Struct	Cat	Head	Gloss
网民	wǎngmín	SUB	[N+N]	N	r	net+people='netizen'
毒犯	dúfàn	SUB	[N+N]	N	r	drug+criminal='drug criminal'

表2 从属复合词(左中心)(Ceccagno & Basciano 2009)

Compound	*Pinyin*	Class	Struct	Cat	Head	Gloss
禁毒	jìndú	SUB	[V+N]	V	l	prohibit+poison='ban the sale and abuse of drugs'
告破	gàopò	SUB	[V+V]	V	l	inform+crack into pieces/expose the truth='make known that a mystery has been cracked'
入住	rùzhù	SUB	[V+V]	V	l	enter+live/stop='move into'
攀高	pāngāo	SUB	[V+A]	V	l	climb+high='climb up; rise'

正如 Ceccagno & Scalise(2007)所观察的,向心限定复合词表现较为直接:它们总是右中心的,输出词类可以是名词、动词或形容词。(例见表3)

表 3 限定复合词(右中心)(Ceccagno & Basciano 2009)

Compound	Pinyin	Class	Struct	Cat	Head	Gloss
主页	zhǔyè	ATT	[A+N]	N	r	main+page='homepage'
猫步	māobù	ATT	[N+N]	N	r	cat+walk='cat's walk'
完胜	wánshèng	ATT	[A+V]	V	r	whole+win victory ='win a complete victory'
突审	tūshěn	ATT	[Adv+V]	V	r	unexpectedly+interrogate= 'interrogate sb. by surprise'
函售	hánshòu	ATT	[N+V]	V	r	letter+sell='order by mail'

并列复合词是双中心的。如 Sun(2006)所言,并列复合词的成分本质上是并列的或在一个语义域中彼此平行。按照 Chao(1968),汉语并列复合词中的每一个成分都是"中心"。Anderson(1985)认为两个成分都不能完全被视为"中心"。根据 Packard(2000/2001),这些复合词中,成分之间没有修饰或从属关系;这些复合词有一个并列的(juxtapositional)形式,两个语素在结构上是平行的。

不同的标准有助于说明汉语并列复合词是双中心的。第一,从语义角度来看,并列复合词的两个成分对整词的理解起着同等作用。第二,像中心成分的屈折(inflection)、性(gender)等标准,在其他语言中有助于确定哪个成分在形式上充当中心成分,但在汉语中却不存在。因此,无法确定哪个成分为整个复合词提供词法—句法属性。第三,下文将显示,汉语复合词似乎没有中心成分的典型位置,因为汉语的右中心复合词和左中心复合词都能产,这一事实也强化了并列向心复合词是双中心的结论。(例见表 4)

表 4 并列复合词(双中心)(Ceccagno & Basciano 2009)

Compound	Pinyin	Class	Struct	Cat	Head	Gloss
餐饮	cānyǐn	CRD	[N+N]	N	b	food+drinks='food and drink'
峰位	fēngwèi	CRD	[N+N]	N	b	peak+place='peak'
打压	dǎyā	CRD	[V+V]	V	b	hit+suppress='combat and suppress'
亮丽	liànglì	CRD	[A+A]	A	b	bright+beautiful='brilliant/bright and beautiful'

最后,汉语中离心复合词确实存在,并可以在所有宏观类型中找到。(例见表5)⑥

表5 离心复合词(节选)(Ceccagno & Basciano 2009)

Compound	*Pinyin*	Class	Struct	Cat	Head	Gloss
楼花	lóuhuā	SUB	[N+V]	N	n	floor+spend/use='building that is put up for sale before it is completed'
网虫	wǎngchóng	SUB	[N+N]	N	n	net+insect='internet buff; web enthusiast'
胆小	dǎnxiǎo	SUB	[N+A]	A	n	guts/courage+small='coward'
地震	dìzhèn	SUB	[N+V]	N	n	earth+shake='earthquake'

3)元复合中的中心性

有些复合词乍一看是离心的,但事实并非如此。它们代表了一种特殊现象,第26章作者称为"元复合"(metacompounding)或由复合成分构成的复合词。这是复合词法的一种模式,其中至少有一个成分指称表层没有出现的底层复合成分。表层成分因此是底层复合成分的截短(truncated)形式。为了阐明语义、词类或复合词的中心成分,底层复合成分的分析也很有必要。

在复合词"义拍"中,表层复合词的分析如(7)所示:

(7)义拍 ATT [A+V]_N 'righteous+pat/take' = 'charitable auction'

这个复合词初看是离心的,但从结构和语义的角度看,这一分析似乎是有问题的。如果我们将该词的第二个成分"拍"分析为底层复合成分"拍卖"的截短形式,情况就不是这样了。对这个复合词的分析如图2所示:

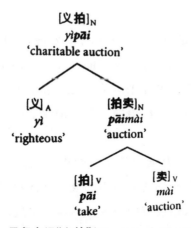

图2 元复合词"义拍"(Ceccagno & Basciano 2009)

因此,复合词"义拍"本身表现出语义和词类的不透明(opacity),不太可能识别出其中心成分。不过,如果考虑到底层复合成分的话,表层复合词的结构和意义就变得清晰了,而且中心成分可以被识别出来。

图 3 中的复合词参考了两个底层复合成分:

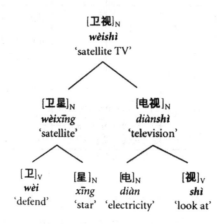

图 3　元复合词"卫视"(Ceccagno & Basciano 2009)

如果不参考底层复合成分"卫星"和"电视"'satellite + TV'='satellite TV',"卫视"作为一个并列复合词[V+V]ₙ出现,在语义上是难以理解的。而且,如果考虑两个底层复合成分,输入类不是[V+V],而是[N+N],该复合词不是离心的,而是右中心的向心类;也不是并列式,而是限定复合词。因此,当指向底层复合成分时,复合词的整个结构都变了。

综上,"元复合词"可界定为需要参考其底层复合成分,以确定语义、词类或中心成分的复合词。一个元复合词可以被描述为一座冰山,只有冰山的顶端能够被看到,而它的词法只能通过参考其水下部分来解释。

总之,就中心性而言,核查底层复合成分时,元复合词的表现与常规复合词相同。

4)新的中心成分位置原则

通过对双音节新词语语料的分析,第 26 章作者发现,右中心、左中心、双中心以及离心复合词都存在于汉语之中。(Ceccagno & Basciano 2007)正如罗曼语中的右中心复合词不能被视为边缘现象一样,汉语左中心复合词也不能被认为是一种边缘现象,而是汉语复合词法的一个核心特征。而且,汉语的一个独特性是双中心向心并列复合词具有能产性。

这促使这一章作者为汉语复合词法提出一个中心成分位置原则。其他语言词法中心成分的位置已进行了研究,复合词的典型中心成分已被确定在右侧(日耳曼语)或左侧(罗曼语)。与其他语言不同,汉语没有中心成分的典型位置。汉语向心复合词的中心成分可以在右侧、左侧,两个成分也可以都是中心。

有趣的是,如果排除并列双中心复合词,向心复合词中有一种模式可以被挑选出来,那么,复合名词直接是右中心,而复合动词可以是右中心(限定)和左中心(从属)。

总体来看,汉语复合词的这一特征会对复合词法中心理论形成冲击。第一,汉语显然挑战了复合词中心成分位置是一个二元参数(binary parameter)的假设①。第二,对汉语复合词法的概括——复合词法中心成分存在多个位置——也适用于其他语言。

3.2.2 对现代汉语复合词中心性的评析

以复合词的中心成分位置(左或右)对复合词分类是国外复合词研究的惯常思路,绝大多数语言都可以纳入其中。不过,汉语复合词的表现有些特殊,相同词类的复合词,中心成分的位置会不同,主要体现于复合动词,从属类中的动宾、动补、连动式动词是左中心,而限定类中的状中式动词是右中心。同一宏观类型的复合词,中心成分的位置也会不同,主要体现于从属类,其中的复合名词是右中心,复合动词是左中心。此外,汉语中大量的并列复合词到底是无中心还是双中心也是聚讼纷纭,莫衷一是。因此,一般用于确定复合词中心性的二元参数(左或右)在汉语复合词研究中遇到了困难。

第 26 章针对上述困境,基于汉语复合词的事实,提出了适于汉语复合词中心成分位置的新原则。这个原则是 Ceccagno & Basciano(2007)的核心观点,打破了学界的二元参数假设,是这一章最大的贡献。正如 Ceccagno & Basciano(2009)对这一观点的概括:

> 我们可以提出一个对汉语复合词法中心性的新概括,就像刻耳柏洛斯(Cerberus),汉语复合词有三个中心位置,没有一个可以被认为是边缘的。我们的研究结果表明,至少在一种语言中,词法中心不能根据单一的位置(右或左)来识别,这对复合词法中心性的整体理论提出了挑战。

"元复合"是这一章的另一创见,也是 Ceccagno(2009)的最新成果。这一章例述的两种元复合都指向复合词表层截短形式的离心性与还原后底层复合成分的向心性有所不同这一现象。两种元复合的差异在于:

"义拍"类体现的是复合词的表层语义来自一个成分的常用义(即"拍"的"用手掌或片状物打"义),其实入词的是这个多义成分的非常用义[即"拍卖"义,此义已收入《现代汉语词典》(第 7 版)],而"拍卖"又源自两个底层复合成分"拍"和"卖"。可以说,是成分的多义源导致复合词的形义分析不透明。这一分析思路与张博(2017)提出的"并合造词法"大抵相同。张博(2017)指出,并合造词法即"汉语常将两个音节共同承载的语义归于其中一个音节,为构造复合词提供语素或造出单音节词",如"现金"并合为"现"去构造"变现、提现、取现"等复合词。"义拍"类元复合与并合造词的区别在于分析路径,元复合是由已成的复合词去解析构成该复合词的底层复合成分,属于自上而下地由果循因;并合造词是由造词成分的源头去逐级合成最后的复合词,属于自下而上地推因至果。最终,二者呈现的都是如图 2 的层级结构[参看张博(2017)]。

"卫视"类来自两个底层复合成分的截短或缩略,复合词的词类、词义与两个表层成分的惯常语法类别、常用义完全无关,经由两个表层成分去分析复合词的词类和词义必将导致误解。此类是音节缩略再组配的结果,缩略后的成分(如"卫""视")可能只用于构造特定的复合词,尚未像"拍卖"义的"拍"那样已固化为一个稳定而能产的构词成分。而且,由缩略成分构成的复合词语义理据不明晰,不还原回缩略前的底层复合成分,很难理解表层形式的组合义。不过,复合词较高的使用频率、再造多音词语的能产性(如"卫视"可构造"北京卫视、卡通卫视、卫视频道"等诸多词语)等语用因素,会促使复合词义作为一个整体被识记,而不影响汉语使用者的语义识解。只是若一个新词是经由"卫视"类的构词方式产生的,其最初的语义识解还是会迂曲一些。

元复合这一现象的提出体现了研究者对汉语复合词复杂构词的细致观察与分析。她们并未拘泥于既有研究体系(即层级分类系统),而是深入挖掘向心/离心与汉语复合词的词类、语义、成分关系之间的复杂关系和矛盾之处,展现出该分类系统处理语言现实问题的灵活性和针对性。

四 结语

《手册》首次全面回顾了语言学不同流派以及心理语言学中复合词的理论研究和发展动态,并在语言类型学视野下,对多语系的多种语言复合问题进行了考察和分析。复合是一种创制新词和表达新义的有效途径,复合词的成分离析性使得很多新表达甫一出现就能被识解。不过,作为构词的基础,复合词的成分关系却又不是简单直接的,其复杂性与历史继承性决定了复合词研究适于在多元理论框架、历时与共时共同参照、句法-词法等接口研究、跨学科领域的多重视角下不断拓展和推进。

国内汉语学界主要因循短语结构类型或语义范畴类属的分析路线研究复合词,较少关注复合词的中心成分位置、向心/离心表现等问题,这就导致汉语复合词研究不易与国外语言学界进行对话和交流,研究成果难以融入国际学术圈并获得国际同行的认可。所以,我们看到的国际上较有影响力、较前沿的汉语复合词研究主要也是国外学者产出的,国内复合词研究在国际语言学界的话语权和存在感微乎其微。复合是汉语词法最突出的特点,复合词法研究不应缺少来自国内汉语学界的声音。借助《手册》的"他山之石",我们希望汉语学界在保持汉语复合词研究特色的基础上,积极借鉴国际研究视角、理论与方法,多作尝试和探索,使汉语复合词法研究越来越具国际性。

注 释

① attributive 本文译为"限定",未取王伟(2013)所译"属性",原因在于:第一层复合词是根据成分间的语法关系进行分类的[参看 Scalise & Bisetto (2009)],"限定"与另两类"从属""并列"一样,都表示成分间的语法关系,而"属性"表示语义关系。
② 中文均为笔者所译。
③ 这一章中的"词汇范畴"并非语义范畴,而是语法类属,即后文提到的 N、V 等。
④ 引例中的汉语拼音略去。根据语义,原文例(1)"毒犯"应为"毒贩",引例保留原词,下文相关论述进行了修正。
⑤ 对 Huang(1997)观点的批判性分析,可参看 Ceccagno & Scalise (2007)。
⑥ 原文表 26.5 很长,本文仅展示前 4 例。其中,"地震"的 CAT 标为 N 有误,应标为 V。
⑦ 参数语言学的相关信息,参看 Kayne(2000)、Longobardi(2003)和 Gianollo et al. (2008)。

参考文献

陈练军(2021)汉语复合构词的能产性变化——以[X+衣]$_N$构词式为例,《当代语言学》第 2 期。

邓　盾(2020)从分布式形态学看"炒饭"类双音节名词性片段的性质与生成,《当代语言学》第 3 期。

邓　盾(2022)论现代汉语的 AABB 片段为复合词而非重叠式,《世界汉语教学》第 1 期。

董秀芳(2002)《词汇化:汉语双音词的衍生和发展》,四川民族出版社。

杜凤娇(2022)《基于构式词法的定中"形+名"词汇化和词法化研究》,北京语言大学博士学位论文。

冯胜利(1997)《汉语的韵律、词法与句法》,北京大学出版社。

顾　阳、沈　阳(2001)汉语合成复合词的构造过程,《中国语文》第 2 期。

何元建(2009)论合成复合词的逻辑形式,《语言科学》第 5 期。

胡敕瑞(2005)从隐含到呈现(上)——试论中古词汇的一个本质变化,《语言学论丛》第三十一辑(北京大学汉语语言学研究中心《语言学论丛》编委会编),1—21 页,商务印书馆。

胡敕瑞(2008)从隐含到呈现(下)——词汇变化影响语法变化,《语言学论丛》第三十八辑(北京大学汉语语言学研究中心《语言学论丛》编委会编),00—127 页,商务印书馆。

江　新、房艳霞、杨舒怡(2016)汉语母语者和第二语言学习者名名组合的理解,《世界汉语教学》第 2 期。

李　强(2019)汉语伪修饰关系复合词的意义构造和概念识解,《语言教学与研究》第 1 期。

刘红妮(2019)《汉语跨层结构的词汇化研究》,学林出版社。

陆俭明(2021)汉语研究的未来走向,《汉语学报》第 1 期。

陆志韦等(1964)《汉语的构词法》(修订本),科学出版社。

孟　凯(2010)构式视角下"X+N$_{役事}$"致使复合词的类推及其语域特定化,《当代修辞学》第 6 期。

孟　凯(2016a)三音词语的韵律—结构—语义界面调适——兼论汉语词法的界面关系,《中国语文》第 3 期。

孟　凯(2016b)《汉语致使性动宾复合词构式研究》,北京语言大学出版社。

孟　凯(2020)复合词内部功用义实现方式的语义解释与选择规则,《语言教学与研究》第 6 期。

孟　凯(2022)从特殊对应看复合词法中韵律与语义的互动关系,《汉语学习》第 2 期。

邱　冰(2012)《中古汉语词汇复音化的多视角研究》,南京大学出版社。

施春宏(2017)汉语词法和句法的结构异同及相关词法化、词汇化问题,《世界汉语教学》第 2 期。

施春宏、陈艺骞(2022)跨层序列词法化的结构原理及词汇化表现,《世界汉语教学》第 2 期。

宋作艳(2019)从词汇构式化看 $A_1A_2A_3$ 的词汇化与词法化,《世界汉语教学》第 2 期。

宋作艳(2022a)基于构式理论与物性结构的动名定中复合词研究——从动词视角到名词视角,《世界汉语教学》第 1 期。

宋作艳(2022b)构式词法的特点及其对汉语词法研究的启示——以菜名的命名模式为例,《语言教学与研究》第 2 期。

苏宝荣(2017)汉语复合词结构与句法结构关系的再认识,《语文研究》第 1 期。

王思雨、赵　杨(2022)英语母语者对汉语"分裂定指性"的二语习得研究,《语言教学与研究》第 3 期。

王　伟(2013)《牛津复合词手册》介绍,《当代语言学》第 1 期。

武宏琛、赵　杨(2018)英语、韩语母语者汉语否定标记习得研究,《世界汉语教学》第 2 期。

袁博平(2012)从汉语二语习得中的界面问题看影响成人二语习得成功的因素——以习得汉语 *wh-* 词做不定代词为例,《外语教学与研究》第 6 期。

袁博平(2015)汉语二语习得中的界面研究,《现代外语》第 1 期。

张　博(2017)汉语并合造词法的特质及形成机制,《语文研究》第 2 期。

赵青青、宋作艳(2017)现代汉语隐喻式双音节名名复合词研究——基于生成词库理论,《中文信息学报》第 2 期。

中国社会科学院语言研究所词典编辑室编(2016)《现代汉语词典》(第 7 版),商务印书馆。

周　韧(2016)汉语三音节名名复合词的物性结构探讨,《语言教学与研究》第 6 期。

周　韧(2019)汉语韵律语法研究中的双音节和四音节,《世界汉语教学》第 3 期。

朱德熙(1982)《语法讲义》,商务印书馆。

Anderson, S. R. (1985) Typological distinctions in word formation. In Timothy, S. (ed.). *Language Typology and Syntactic Description*, Volume 3, 150—201. Cambridge: Cambridge University Press.

Bisetto, A. & Scalise, S. (2005) The classification of compounds. *Lingue e Linguaggio*, 4(2), 319—332.

Ceccagno, A. (2009) Metacompounds in Chinese. *Lingue e Linguaggio*, 8(2), 195—212.

Ceccagno, A. & Basciano, B. (2007) Compound headedness in Chinese: An analysis of neologisms. *Morphology*, 17(2), 207—231.

Ceccagno, A. & Basciano, B. (2009) Sino-Tibetan: Mandarin Chinese. In Lieber, R. & Štekauer, P. (eds.). *The Oxford Handbook of Compounding*, 478—490. Oxford: Oxford University Press.

Ceccagno, A. & Scalise, S. (2006) Classification, structure and headedness of Chinese compounds. *Lingue e Linguaggio*, 5(2), 233—260.

Ceccagno, A. & Scalise, S. (2007) Composti del cinese: Analisi delle strutture e identificazione della testa. In Palermo, A. (ed.). *La Cina e l'altro*, 503—543. Naples: Università degli studi di Napoli L'Orientale.

Chao, Y. R. (1948) *Mandarin Primer: An Intensive Course in Spoken Chinese*. Cambridge: Harvard University Press.

Chao, Y. R. (1968) *A Grammar of Spoken Chinese*. Berkeley: University of California Press.

Cheng, L. L. (1997) Resultative compounds and lexical relational structures. *Chinese Languages and Linguistics III: Morphology and Lexicon*, 167—197.

Cheng, L. L. & Huang, J. C. (1994) On the argument structure of resultative compounds. In Wang, W. S., Chen, M. Y. & Tzeng, O. L. (eds.). *In Honour of William S.-Y. Wang: Interdisciplinary Studies on Language and Language Change*, 187—221. Taipei: Pyramid Press.

Corbin, D. (1987) *Morphologie Dérivationelle et Structuration du Lexique*. Tübingen: Niemeyer.

Di Sciullo, A. M. & Williams, E. (1987) *On the Definition of Word*. Cambridge: MIT Press.

Gianollo, C., Guardiano, C. & Longobardi, G. (2008) Three fundamental issues in parametric linguistics. In Biberauer, T. (ed.). *The Limits of Syntactic Variation*, 109—142. Amsterdam: John Benjamins.

Huang, H. (2007) Argument realization of Chinese result and phase complements. In Jin, W., Fauzi, S. M. & Riepe, J. (eds.). *UTA Working Papers in Linguistics*, Volume 2, 67—89. Arlington: Department of Linguistics and TESOL.

Huang, S. (1997) Chinese as a headless language in compounding morphology. In Packard, J. L. (ed.). *New Approaches to Chinese Word Formation: Morphology, Phonology and the Lexicon in Modern and Ancient Chinese*, 261—283. Berlin & New York: Mouton de Gruyter.

Kayne, R. S. (2000) *Parameters and Universals*. Oxford: Oxford University Press.

Li, C. N. & Thompson, S. A. (1981) *A Grammar of Spoken Chinese: A Functional Reference Grammar*. Berkeley: University of California Press.

Li, Y. (1990) On V-V compounds in Chinese. *Natural Language and Linguistic Theory*, 8(1), 177—207.

Li, Y. (2005) *A Theory of the Morphology-Syntax Interface*. Cambridge: MIT Press.

Lieber, R. & Štekauer, P. (2009) *The Oxford Handbook of Compounding*. Oxford: Oxford University Press.

Lin, F. (1989) The verb-complement (V-R) compounds in Mandarin Chinese. Proceedings of Rocling 2nd Computational Linguistics Conference, 253—276, Rocling.

Longobardi, G. (2003) La linguistica parametrica: Un nuovo programma di ricerca tra presente e futuro delle scienze del linguaggio. *Lingue e Linguaggio*, 2(1), 3—30.

Packard, J. L. (2000/2001) *The Morphology of Chinese: A Linguistic and Cognitive Approach*. Cambridge: Cambridge University Press. /《汉语形态学：语言认知研究法》(石定栩导读), 外语教学与研究出版社。

Scalise, S. (1984) *Generative Morphology*. Dordrecht: Foris.

Scalise, S. & Bisetto, A. (2009) The classification of compounds. In Lieber, R. & Štekauer, P. (eds.). *The Oxford Handbook of Compounding*, 34—53. Oxford: Oxford University Press.

Selkirk, E. O. (1982) *The Syntax of Words*. Cambridge: MIT Press.

Shi, C. (2022) A research on generative mechanism of synthetic compounds (In Chinese). *Journal of Chinese Linguistics*, 50(3), 667—702.

Starosta, S., Kuiper, K., Ng, S. & Wu, Z. (1998) On defining the Chinese compound word: Headedness in Chinese compounding and Chinese VR compounds. In Packard, J. L. (ed.). *New Approaches to Chinese Word Formation: Morphology, Phonology and the Lexicon in Modern and Ancient Chinese*, 346—369. Berlin & New York: Mouton de Gruyer.

Sun, C. (2006) *Chinese: A Linguistic Introduction*. Cambridge: Cambridge University Press.

Tang, T. (1989) *Studies on Chinese Morphology and Syntax*. Taipei: Student Book Co.

Trommelen, M. & Zonneveld, W. (1986) Dutch morphology: Evidence for the right-hand head rule. *Linguistic Inquiry*, 17(1), 147—169.

Varela, S. (1990) *Fundamentos de Morfología*. Madrid: Sintesis.

Williams, E. (1981) On the notions "lexically related" and "head of a word". *Linguistic Inquiry*, 12(2), 245—274.

Xia, M. (1946) Methods of composing two-character words. *Chinese Monthly*, 41, 19—21.

Yuan, B. (1999) Acquiring the unaccusative/unergative distinction in a second language: Evidence from English-speaking learners of L2 Chinese. *Linguistics*, 37(2), 275—296.

Yuan, B. (2007) Behaviours of *wh*-words in English speakers' L2 Chinese *wh*-questions: Evidence of no variability, temporary variability and persistent variability in L2 grammars. *Bilingualism: Language and Cognition*, 10(3), 277—298.

Yuan, B. (2010) Domain-wide or variable-dependent vulnerability of the semantics-syntax interface in L2 acquisition? Evidence from *wh*-words used as existential polarity words in L2 Chinese grammars. *Second Language Research*, 26(2), 219—260.

作者简介

孟凯,北京语言大学国际中文教育研究院研究员,博士生导师,主要研究方向为汉语词汇学、国际中文教育。Email:mk0451@sina.com。

英凤来,鲁东大学文学院教师,博士,主要研究方向为汉语词汇学、词法学。Email:jflblcu@126.com。

中亚留学生"是"字句偏误研究*

祁 峰[1]　田子叶[2]

1 华东师范大学国际汉语文化学院/国家语委全球中文发展研究中心　2 广州耀华国际教育学校

提　要　本文基于华东师范大学留学生汉语中介语语料库,对中亚留学生出现的"是"字句语法偏误进行研究。以往的偏误研究多以语法结构为分类标准,而且以狭义"是"字句为主,本文尝试采用一种新的偏误分类标准,即按照石毓智(2005)区分"是"为判断词、焦点标记、强调标记、对比标记的标准,对所有符合要求的"是"字句进行分类,在此基础上,再结合鲁健骥(1994)提出的偏误分类以及偏误分析中的"正确使用频率",对中亚留学生"是"字句的偏误情况进行定性和定量分析,并进一步分析偏误原因,最后给出相应的教学建议。

关键词　中亚留学生　语法偏误　"是"字句

一　绪论

"'一带一路'需要语言铺路"(李宇明 2015),随着"一带一路"倡议的提出,汉语的地位也日益提高。在"一带一路"的时代背景下,研究"一带一路"沿线国家留学生的语法偏误现象具有重要的理论意义和现实意义。我们立足于"一带一路"的时代背景,基于华东师范大学留学生汉语中介语语料库[①],根据对其语法偏误现象的总体考察,发现"是"字句的偏误约占所有类型语法偏误的14%,所以本文以"是"字句为例,研究中亚国家留学生的语法偏误情况[②]。具体来说,采用石毓智(2005)对"是"的分类标准,对中亚留学生在汉语中介语语料库中出现的"是"字句进行定性和定量研究,并找出偏误原因,最后给出相应的教学建议。

需要说明的是,本文研究的是广义上的"是"字句,即包含所有形式上有"是"的句子,但不包含作为副词使用的"就是""还是"等词中的"是",以及"尤其是""凡是""特别是"等较为固化的结构。

---

* 本文系教育部中外语言交流合作中心2020年度国际中文教育重点项目"'一带一路'沿线国家留学生中介语语料库建设与应用"阶段性成果。

二　中亚留学生"是"字句的偏误分析

2.1　前人研究概述

2.1.1　"是"字句的本体研究

汉语学界对"是"字句的研究成果较为丰硕,包括"是"字句的三个平面(句法、语义和语用)研究、"是……的"以及"是"字句的历时研究等。学者针对"是"字句的相关研究主要集中于某一个特定的语法结构,比如刘雪春(1996)以"是+NP1+V+的+NP2"为研究对象,唐翠菊(2005)专注于"是+(一)个+名词短语"中的数量短语,张和友(2006)把以"是……的"作为焦点标记的句子称作聚焦式"是"字句,等等。"是"字句的语义研究主要有刘月华等(2001),该书划分了九类语义关系,即"表等同和归类""说明、解释原因""表存在""表肯定""表无例外""表应答""表合适、正好"等。"是"字句的语用研究主要从标记、焦点等角度展开,比如石毓智(2005)论证了"是"的不同语法功能——判断、焦点、强调、对比——主要是由所搭配词语的数量语义特征和所在句法环境的变项数目决定的,而焦点、强调和对比的标记"是"都来自其原来的判断用法。

2.1.2　"是"字句的教学与习得研究

"是"字句的教学与习得一直是研究的重点,特别是各种语言相关句式的对比,以及针对不同语言背景汉语学习者的"是"字句偏误习得的研究。刘丽宁(2003)在前人研究的基础上,以亚洲地区(主要是日本、韩国及东南亚国家)的汉语学习者为研究对象,选取八种"是"字句句式,进行了较为详细的偏误分析和习得调查;阮翠荷(2011)从结构和功能的角度对比了汉语"是"字句与越南语"là"字句,对越南语背景的汉语学习者学习"是"字句的重难点进行了分析,并提出了解决办法;杨洪建(2011)从哈汉互译的角度指出哈萨克语里没有与"是"相对应的词,从而给互译及语言教学提供了一些参考;谢慧珠(2015)把汉语和塔吉克语中的"是"字句进行了对比,并利用偏误分析研究了塔吉克斯坦学生"是"字句的习得情况。但是,前人与"是"有关的偏误研究或习得研究大多是以"结构"为纲,而且不同的研究对相关"是"字句的界定也不同,比较常见的是以吕叔湘(1999)、刘月华等(2001)、卢福波(2011)等学者对"是"的分类标准作为依据,比如谢福(2010)基于语料库,根据结构将"是……的"句分为八种句式,王雪勤(2017)以《现代汉语八百词》中"是"的九种句式为研究框架,等等。

2.2　"是"字句的偏误类型分析

本文以石毓智(2005)对"是"的分类为主要依据,把关于"是"的语法偏误分成判断词偏误、焦点标记偏误、强调标记偏误和对比标记偏误。其中,判断词"是"、焦点标记"是"

和强调标记"是"的作用范围只是单句,而对比标记"是"的作用范围必须是相邻的复句,比较容易混淆的焦点标记"是"和强调标记"是"后面紧邻的成分不同,前者的后面是离散量,后者的后面是连续量。具体而言,判断依据为"是"的功能是否涉及两个或两个以上的单句,如果涉及这种语篇知识,就将其归为对比标记"是";如果"是"的功能仅限于单句中,就将其归为其他三类。至于仅在单句中发挥作用的三类"是",判断词"是"具有动词性,而焦点标记"是"和强调标记"是"则没有。同时对焦点标记"是"和强调标记"是"作了明确的区分,区分依据为被标记的对象是否为离散量。

2.2.1 判断词"是"

在一个单句中,"是"作判断词时只能联系两个且必须是两个变项,两个变项必须都是离散的,可表示的语义关系比较多,主要有等同关系、分类关系、存在关系、合适关系、诠释关系和评述关系。其结构特征是"是"在句中不可省略,否则句子将不合法。其中,表示等同、分类、存在、合适关系的"是"后必须为一个名词性短语,即离散性很强的变项;表示诠释和评述关系的判断词"是"后可以是动词性短语或是小句,尽管离散性不强,但由于"诠释"和"评述"都与"判断"有关,而且"是"在句中不能被省略,因此在表这类关系的语句中"是"为判断词。

尽管中亚留学生的语料不一定都涉及上述关系,但判断词"是"在四类"是"字句中使用频率最高,与之相关的具体语法项目在初、中、高级汉语均有涉及,属于现代汉语最常用的句式之一。判断词"是"属于留学生最早接触到的语法点之一,可是由于其变化形式和表达的语义关系都比较复杂,所以中亚留学生出现了很多相关偏误,主要分为遗漏、冗余、误用和错序。

1.遗漏

主要表现为该使用时没有使用,导致句子失去合法性。在中亚留学生语料中,主要表现为"是""的"或主语的遗漏。

1)"是"的遗漏

判断词"是"的遗漏是所有与"是"有关的偏误中最为常见的一种情况,中亚留学生的母语在表述相同意思时不需要用"是"来连接,所以导致很多在句中作谓语的判断词"是"被遗漏。例如:

(1)＊这个世界∧我们很大的老师。(吉尔吉斯斯坦)

(2)＊世界上每个孩子对自己的父母永远∧爸爸妈妈的宝贝。(吉尔吉斯斯坦)

(3)＊对我来说这两也∧最重要的,我不能说一个最重要的因为我的国家人节过两个传统的节日。(乌兹别克斯坦)

(4) *因为我∧非常不爱交际的孩子,那时候我连一个朋友也没有。(哈萨克斯坦)

(5) *中国幼儿教育有公立和私立之分,以女幼儿教师为主,日后如何增加男幼儿教师∧一个关注点。(塔吉克斯坦)

例(1)—(5)都缺少判断词"是",此时"是"充当谓语中心语,不可省略。

2)"的"的遗漏

"的"是现代汉语中最常用的助词之一,"的"的遗漏指的是应该使用"的"而未使用。例如:

(6) *他家里没有那么多钱,而他父母不是(有)地位∧人。(哈萨克斯坦)

(7) *跟中国∧区别是在我们国家每一位男生运动。(吉尔吉斯斯坦)

例(6)—(7)均缺少"的",由于"的"可以作为助词从而充当定语,所以上述偏误句中的"的"必不可少。

3)主语的遗漏

当句中存在插入语,或句式结构相对复杂时,中亚留学生很容易遗漏句中的主语。例如:

(8) *在曲阜我发现∧完全是老年人的。(吉尔吉斯斯坦)

(9) *∧是一个太难的问题,因为有非常多方面,有利有弊。(吉尔吉斯斯坦)

例(8)—(9)中缺少能表示离散量的主语,应在"∧"处分别补上主语"这里"和"这"。

2. 冗余

与"遗漏"相反,指的是不该使用"是",而使用了"是",又称为"误加"。例如:

(10) *但是不管怎么样,有了是我继续下去的动力,就得坚持做下去。(哈萨克斯坦)

(11) *我叫王林林,我是这年50岁,我在Tesco超市工作。(乌兹别克斯坦)

(12) *首先我介绍一下传统节日是新年。(吉尔吉斯斯坦)

例(10)—(12)中的判断词"是"都是误加的,应删去。

3. 误用

主要是指该用判断词"是"时,而用了其他的动词。例如:

(13) *我的儿子今年9岁,在小学三年级的学生。(吉尔吉斯斯坦)

例(13)中的"在"应改为"是"。

4.错序

学习者产出语句时错误地排列相关词语,导致句子中的词前后位置不当,造成句子不合法。例如:

(14)＊一共两天是行程。(哈萨克斯坦)

例(14)中,学生混淆了判断词"是"与其他词的位置关系,不能分清"是"与离散量的修饰成分之间的先后顺序。

2.2.2 焦点标记"是"

一般来说,焦点标记"是"不再具有判断词"是"的动词特性,它不是句子的主要成分,去掉"是"之后,句子仍然成立。谓语动词之前的成分,凡具有离散量特征的,如施事、时间、地点、工具等,都可以在其前面直接加上"是"而使其焦点化。根据语料的实际情况,我们将相关的语法偏误概括为:该用焦点标记"是"而不用。例如:

(15)＊看来这个人我觉得他∧自己逼着自己工作。(吉尔吉斯斯坦)

(16)＊我的老公∧今年退休的。(吉尔吉斯斯坦)

(17)＊现在我觉得有可能∧我学习中文的办法有问题。(哈萨克斯坦)

需要说明的是,如果不用焦点标记"是",例(15)—(17)的合法度会受到一定的影响,原因在于,句子中最重要的新信息因为其具有离散量特征而应该被焦点化。可见,中亚留学生缺乏使用焦点标记"是"的意识。

2.2.3 强调标记"是"

强调标记"是"指的是出现在连续量的成分之前时,起强调作用的标记"是"。被强调的是其后面句子中的整个谓语,既可以是一个简单的词,也可以是一个复杂的谓语结构。较为常见的偏误有"的"的遗漏、"的"的冗余以及"是"的遗漏等。

1."的"的遗漏

(18)＊当然这个是我的理想中的婚姻,理想跟现实之间,是会有差距∧。(吉尔吉斯斯坦)

(19)＊而刚才说的几个条件了,兴趣呢,是刚好和它比较融合∧,就满足了这几个条件。(吉尔吉斯斯坦)

(20)＊每个人有自己的成功的路,最重要∧是找到它。(乌兹别克斯坦)

例(18)句末、例(19)小句句末应该加上语气词"的",虽然"的"可以使前面的词语离散化,但是当强调标记"是"后出现表示可能的情态动词(如"会、要、可能"等)或表示模糊程度的副词(如"比较、很、非常"等)时,句末一般要加"的"。而例(20)中需要在句中加上"的",从而使"最重要"离散为"最重要的(事情)",这样的话,整个句子合乎语法规则。

2. "的"的冗余

  (21)*在这样的坏境下长起来真是恶劣的,孩子挨打,只会助长他的暴力倾向,使孩子以后成为问题少年。(哈萨克斯坦)

当强调标记"是"后没有出现表示可能的情态动词或表示模糊程度的副词时,就不能在离散量后加"的",所以例(21)应该去掉"恶劣"后面的"的"。

3. "是"的遗漏

  (22)*在德国对打孩子的看法∧比较严肃的。(哈萨克斯坦)

  (23)*父母的爱∧无可比拟的。(吉尔吉斯斯坦)

正如上文提到的语法规则那样,当句尾出现语气词"的"时,一般来说,句中的强调标记"是"不可或缺。

2.2.4 对比标记"是"

不同于判断词"是"、焦点标记"是"和强调标记"是",对比标记"是"一般涉及由两个单句组合而成的语篇,涉及语篇层面的相关知识,可以与逻辑联系语搭配使用,表示的逻辑关系较为复杂,比较常见的有正反、选择和条件等。根据对语料库中相关偏误现象的考察,我们发现对比标记"是"的偏误主要有遗漏和冗余。

1. 遗漏

遗漏对比标记"是"。例如:

  (24)*我不∧在等白马王子,但是总体来说,∧在等一个合适的人。(哈萨克斯坦)

  (25)*这种工作看上很简单,但是其实∧苦活儿。(哈萨克斯坦)

2. 冗余

误加对比标记"是"。例如:

  (26)*因为有爱婚姻是很幸福,无爱的婚姻是比较乏味。(哈萨克斯坦)

  (27)*很多外国人就语言不本科因为是中文很难,我觉得中文不难。(哈萨克斯坦)

在例(26)中,从"有爱"和"无爱"的并举来看,前后两个分句的逻辑关系属于正反对比,"很幸福"和"比较乏味"本身可以作谓语,所以此复句中的对比标记"是"应该删除;而在例(27)中,原句的意思是说很多外国人选择读语言而不读本科,这是因为他们觉得中文很难,而"我"觉得中文不难,因此前后两个小句之间形成了正反对比关系,而第一个分句中的"是"冗余。

2.3 "是"字句偏误的定量分析

本文将语料中符合要求的含有"是"字的语句全部挑选出来,根据石毓智(2005)将其进行分类,并作定量分析。

"是"字句共807例,四类"是"的使用频率存在明显差异,其中"是"属于判断词的有631例,属于焦点标记的有37例,属于强调标记的有97例,属于对比标记的有42例,可见判断词"是"的使用频率最高,达到78.19%。相关的偏误共有155例,大致和各类"是"的使用情况分布相似,但判断词"是"的偏误比例要比它的使用比例小。关于焦点标记"是",其使用虽然仅占所有"是"字句的4.59%,但其偏误却占所有"是"字偏误句的9.03%,相类似的情况还有强调标记"是"。详见图1。

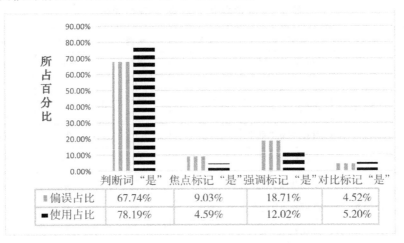

图1 各类"是"的偏误占比和使用占比

由图1可知,焦点标记"是"和对比标记"是"的使用频率都比较低,但通过对母语使用者语料的对比考察发现,这两类"是"在母语环境中的使用频率也不高[③]。

由于不同类别的"是"的使用频率差别较大,为了更好地说明中亚留学生的习得情况,我们将引入"正确使用频率"进行解释。正确使用频率指的是"某语法点的正确使用频次/该语法点出现的频次",这可以反映汉语学习者对某一语法点的掌握情况。

我们将判断词"是"、焦点标记"是"、强调标记"是"和对比标记"是"作为一个整体的研究对象,从国别化的角度进行统计,得到乌兹别克斯坦、吉尔吉斯斯坦、哈萨克斯坦、塔吉克斯坦四个国家汉语中介语语料中"是"的正确使用频率。详见表1。

表 1　中亚留学生"是"的使用情况

国家	正确	偏误	总数	正确使用频率
乌兹别克斯坦	35	20	55	63.64%
吉尔吉斯斯坦	472	83	555	85.05%
哈萨克斯坦	85	44	129	65.89%
塔吉克斯坦	14	8	22	63.64%
总计	606	155	761	79.63%

由表1可知,吉尔吉斯斯坦学生"是"字句的正确使用频率最高,达到了85.05%。具体到中亚留学生判断词"是"、焦点标记"是"、强调标记"是"以及对比标记"是"的正确使用情况,详见表2。

表 2　中亚留学生各类"是"的使用情况

语系	国家	各类"是"	正确	偏误	总数	正确使用频率
阿尔泰语系	乌兹别克斯坦	判断词"是"	32	17	49	65.31%
		焦点标记"是"	0	1	1	0
		强调标记"是"	2	1	3	66.67%
		对比标记"是"	1	1	2	50.00%
	吉尔吉斯斯坦	判断词"是"	363	51	414	87.68%
		焦点标记"是"	22	7	29	75.86%
		强调标记"是"	55	20	75	73.33%
		对比标记"是"	32	5	37	86.49%
	哈萨克斯坦	判断词"是"	120	33	153	78.43%
		焦点标记"是"	1	4	5	20.00%
		强调标记"是"	8	6	14	57.14%
		对比标记"是"	2	1	3	66.67%
印欧语系	塔吉克斯坦	判断词"是"	11	4	15	73.33%
		焦点标记"是"	0	2	2	0
		强调标记"是"	3	2	5	60.00%
		对比标记"是"	0	0	0	0

我们对表2进行汇总处理,得出中亚留学生各类"是"的正确使用频率。详见表3。

表3　中亚留学生各类"是"的正确使用频率

各类"是"	乌兹别克斯坦	吉尔吉斯斯坦	哈萨克斯坦	塔吉克斯坦
判断词"是"	65.31%	87.68%	78.43%	73.33%
焦点标记"是"	0	75.86%	20.00%	0
强调标记"是"	66.67%	73.33%	57.14%	60.00%
对比标记"是"	50.00%	86.49%	66.67%	0

根据表3,我们可以画出中亚留学生关于"是"的正确使用频率的辐射图,越靠近中心点,表示学生的掌握程度越差;反之,离中心点越远,表示学生的掌握程度越好。详见图2。

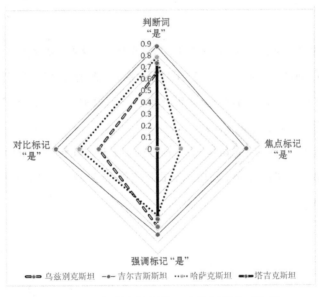

图2　中亚留学生"是"的正确使用频率对比图

由图2可知,吉尔吉斯斯坦学生的正确使用频率整体较高。但是,由于塔吉克斯坦学生的语料相对较少,我们发现塔吉克斯坦学生焦点标记"是"和对比标记"是"的正确使用频率为零。由于汉语中介语语料库的规模有限,如果把中亚四国仅作国别化处理,得到的结论可能不具有代表性,所以我们将同属于阿尔泰语系的乌、吉、哈三国作统一处理,再加上属于印欧语系的塔吉克斯坦的中亚四国语料作一次统计,分成两类后,再计算各类"是"的正确使用频率。详见图3。

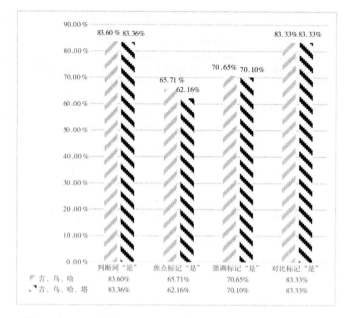

图 3　中亚三国与中亚四国的"是"字句正确使用频率对比图

由图 3 可知,不同语系(阿尔泰语系、印欧语系)的差异对"是"字句的正确使用频率影响不大。焦点标记"是"的正确使用频率最低;判断词"是"和对比标记"是"的正确使用频率相对较高,而且得到的频率值相近。

以上是从"正确使用频率"的角度进行分析的,由于判断词"是"的偏误数量占比和使用数量占比最高,根据遗漏、冗余、误用、错序等偏误类型对相关偏误进行统计的结果来看,"遗漏"是最主要的偏误类型。详见图 4。

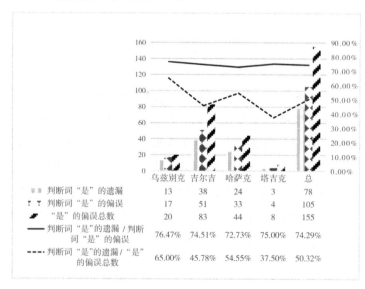

图 4　判断词"是"偏误中的遗漏偏误情况图

我们发现,在判断词"是"的偏误中,遗漏偏误最为普遍,包括"是"的遗漏、"的"的遗漏、数量短语遗漏等,最主要的是句中谓语动词"是"的遗漏。图 4 的统计结果表明,当中亚四国作为一个研究整体时,判断词"是"的遗漏偏误占判断词"是"偏误总数的 74.29%,占"是"偏误总数的 50.32%,这进一步证实了判断词"是"中的遗漏偏误是"是"字句的主要偏误类型。

2.4 "是"字句的偏误原因分析

根据对中亚留学生"是"字句偏误情况进行的定性与定量分析,我们认为,以下几个原因导致中亚留学生在学习"是"字句时出现偏误。

2.4.1 教师方面

根据我们的课堂观察,一部分教师对"是"字句的讲解不够充分,还是以结构为纲,在教学中根据教材的注释给出能反映语法结构的"公式",但"是"字句的语义相对复杂,用法比较灵活,如果教师在教学过程中没有及时解释"是"字句的内在逻辑关系,那么容易导致学生在使用"是"字句的各种"公式"时出现偏误。因此我们建议,可以适时引入认知语言学的相关理论,从更上位的认知角度帮助学生理解,对"是"字句表示的语义关系有相对系统的认识,从而提高中亚留学生习得"是"字句的效率。例如:

(28) *但一个人以为我是从俄国来因为从前我们苏联,所以他们以为苏联的国家都俄国人。(吉尔吉斯斯坦)

(29) *我们班可以说她的第一次给上的学生们。(哈萨克斯坦)

在上面两例中,学生仅从"公式"的角度产出句子,结构上具有合法性,但意义上却不具有合法性。"苏联的国家≠俄国人""我们班≠学生们",国家和人之间的信息不对等,班级和学生之间的信息也不对等,因此不能满足"是"字句中的逻辑关系。

2.4.2 教材方面

一般来说,教材都会将和"是"字句有关的内容进行分级教学,这一点符合认知规律和教学原则,但教材中的简单翻译,尤其是在语法点的解释方面,仍然受语法翻译法的影响,而且某些教材的国别化程度不够,这些都会造成中亚留学生对汉语"是"字句的习得产生一定的偏差。另外,教材对语法规则的解释还不够细化,如笼统地介绍语法规则:"汉语用'是……的'强调已经发生或完成动作的时间、地点、方式、目的、对象等。在肯定句中,'是'可以省略。否定句中'是'不能省略。"(杨寄洲 1999,159)教材没有对此规则的使用条件进行充分的说明,可能会误导学生,以上面这条规则的解释为例,学生可能会在不该省略时省略了"是",更有可能选择回避使用"是"。正如上文所述,中亚留学生焦点标记"是"的使用占比为 4.59%,而汉语母语者的焦点标记"是"的使用占比为 6.13%;另外,从焦点标记"是"的正确使用频率来看,中亚留学生对焦点标记"是"的掌握程度相对较低。

2.4.3 语言负迁移的影响

中亚留学生的母语或者其他掌握程度更高的语言都会对汉语的学习造成一定的影响。不同的语言之间没有完全对应的表达,如"是"字句在哈萨克语中并没有对应的表达(杨洪建 2011)。而且,吉尔吉斯语、乌兹别克语和哈萨克语都是黏着语,名词、代词以及离散性的名词性短语都能通过形态变化直接作谓语,而汉语则不同,主语和宾语之间一般需要加上判断词"是",这会导致吉尔吉斯斯坦、乌兹别克斯坦和哈萨克斯坦的学生很容易遗漏判断词"是",尤其是在句子中的修饰成分比较多的情况下。例如:

(30) *趵突泉不仅在济南而且在中国最有名的泉之一。(吉尔吉斯斯坦)

此外,由于哈萨克斯坦、塔吉克斯坦等国语言的基本语序是 SOV,不同于汉语的 SVO 基本语序,也会导致相关错序偏误的产生。除了母语迁移以外,中亚留学生也可能同时受到更为熟悉的其他语言的影响,如普及度较高的英语。

2.4.4 目的语规则的泛化

中亚留学生学习了相关的汉语语法规则后,很容易扩大其使用的范围,或将不能同时使用的多条语法规则运用在同一个语句中。比如说,学生认为形容词可以作谓语,形容词后可以加"的",从而导致"是"的遗漏。例如:

(31) *很多人以为如果一个老人和年轻相比的话,老人肯定比较聪明的,但是不一定。(吉尔吉斯斯坦)

例(31)应在"比较聪明"之前加上"是",从而使句子合乎语法。再比如说,学生学习了强调标记"是"后可以加离散量形容词,用以表示强调,也学习了大部分形容词可以受程度副词修饰,如果将这两条语法规则共用在同一个语句中,就会出现"名词短语+是+最+形容词短语"或"名词短语+是+比较+形容词短语"等类似的偏误句。例如:

(32) *厦门,虽然我仅仅只有几天的接触,但你留给我的印象是最美好!(吉尔吉斯斯坦)

例(32)的偏误原因是"最"等副词虽为程度副词,但本身不能被强调程度,如果不能被强调,"是"后必须为一个离散量,即形容词或形容词短语后要加"的"使其离散。

2.4.5 "回避"的交际策略

如上所述,焦点标记"是"的使用仅占所有"是"的 4.59%,这很有可能是由于中亚留学生采用了"回避"的交际策略。具体来说,一方面中亚留学生惧怕出错或对焦点标记

"是"的使用缺乏信心,另一方面焦点标记"是"在句中的有无并不影响语句的合法性,这些因素很容易引起学生对其不够重视,从而造成焦点标记"是"的使用率比较低。

三 中亚留学生"是"字句的教学建议

我们根据对"是"字句的偏误情况进行定性和定量分析的结果,并结合相关的偏误原因分析,提出以下三点具有可操作性的教学建议。

3.1 教学之前

教师应该增强对汉语本体知识点的敏感性和对相关偏误研究的了解,做到在上课前能预见中亚留学生可能会出现的一些偏误情况,并进行有针对性的讲解和操练,尤其是教师在讲解清楚语义关系后,需要细化一些语法规则,如判断词"是"后的数量短语能否省略等。语料中不乏由于使用数量短语而造成的偏误。例如:

(33) *有的国家父母不让女人学习,因为父母认为她们18岁后嫁给人,在家里做家务,照顾丈夫和孩子,这是个不对的。(吉尔吉斯斯坦)

(34) *当然男女平等上有很多方面,我说的只是个一个方面。(吉尔吉斯斯坦)

事实上,张伯江、李珍明(2002),唐翠菊(2005)等就对现代汉语中数量短语的隐现问题作了较为系统的研究,因此我们认为需要更好地运用本体研究和中介语偏误研究的成果,尽可能防患于未然,既可以提高中亚留学生学习汉语的效率,也有利于减少学生出现偏误后的挫败感和畏难情绪,从而增强学生学习的成就感和自信心。

3.2 教学过程中

教师在注重语法结构的同时,还应强调与意义相关的认知的重要性。不同语言的表现形式不同,不同语言也没有完全对等的表达,但是不同的语言之间也有一些共性,如语言使用者都有着相似的心理认知。陆俭明(2005)指出自20世纪80年代以来,特别是进入90年代以后,在汉语句法的本体研究中,"语义问题"得到越来越多的关注,越来越多的对外汉语工作者和学者认为句法与语义得互相渗透,互相结合。卢福波(2004)则指出教学中"解码"和"编码"这两个方向,提出对外汉语教学应改变以往"从形式到意义的结合"的做法,而要建立"从意义到形式的结合"的想法。在教学过程中,我们的目的是教学生如何用符合语法规则的目的语根据语境进行有效的表达,以及语句中如何传递已知信息和未知信息,从而使学生实现交际目的。因此,教师应主动将自己的教学同语言学、心理学的相关理论进行对接。认知语言学理论、信息结构理论等看似比较难懂,但是可以通过简单易懂的教学语言解释清楚,尤其是针对已有一定逻辑思维能力的汉语学习者。比如引入"离散"和"连续"这两个概念,就可以帮助学生正确使用焦点标记"是"和强调标记"是"。显然,从外国学生学习汉语的目的和对外汉语语法教学的任务来看,这种思路更加符合学生学习的需要和以学生为主体的教学思想。

具体来说,比如在讲解判断词"是"时,可以使用数学的"="表示等价关系,用数学"集合"的示意图表示分类、从属等概念。这是因为语言是符号,在各种语言中,符号都具有任意性,也具有约定俗成性,但却可以利用国际通用的符号,如数学符号等,有效地解决一些逻辑上的问题。又如在讲授对比标记"是"时,教师可以结合语篇语法理论或语块理论展开教学,因为对比标记"是"是建立在复句的基础上的,因此与语篇有着密切的联系,也常与逻辑联系语有着较为固定的搭配。掌握对比标记"是"的复杂用法对中亚留学生来说是一大难点,因为相关用法涉及多种逻辑关系,如"然否、选择、条件"等,因此建议结合复句之间的逻辑关系以及逻辑联系语与对比标记"是"的固定搭配,来帮助学生掌握对比标记"是"的用法。这样一方面可以分解教学难点,另一方面可以帮助中亚留学生产出正确而有意义的语句。

3.3 教学之余

教师还应加大汉语与中亚留学生母语及其他相关语言之间的对比研究力度,尤其是这些不同于英语、法语、西班牙语等的中亚国家语言,相对来说,我们对这些"一带一路"沿线国家的语言情况了解不多,所以很有必要在语言对比中探索出帮助中亚留学生习得"是"字句的有效之路。

此外,教师在编写教材时可以系统地融入认知语言学、信息结构等理论,摆脱语法翻译法的束缚,在解释语法点时不是靠单纯的翻译,而是通过一些图示,并解释其代表的语义,让学生更好地理解语义,也能帮助学生提高听说能力。

四 结论

本文基于华东师范大学留学生汉语中介语语料库,以广义"是"字句为例,并以石毓智(2005)对"是"的分类标准为纲,分析了中亚留学生语法习得的偏误情况。通过研究,我们发现焦点标记"是"和强调标记"是"的正确使用频率都较低,相比之下,判断词"是"和对比标记"是"的正确使用频率都较高。但是由于判断词"是"的偏误数量占比为67.74%,使用数量占比为78.19%,因此最突出的偏误为判断词"是"的偏误。另外,从遗漏、冗余、误用、错序等偏误类型对其进行统计分析可知,"遗漏"是最主要的偏误类型。

造成广义"是"字句各类偏误的原因主要有教材不够细化、教师对相关本体知识和习得规律不够重视、语言的负迁移、汉语自身规则的泛化等。为解决这些问题,我们针对性地提出了若干教学建议,以供参考。

需要说明的是,"是"字句本身比较复杂,目前学界对它的分类存有一些争议,特别是焦点标记"是"和强调标记"是"的区分,本文暂以石毓智(2005)的分类作为研究的出发点。另外,由于中介语语料库的规模有限,焦点标记"是"和对比标记"是"的出现频率都较低,所以相关的统计结果还有待于进一步验证。

注　释

① 该语料库是一个汉语中介语偏误标注语料库,收集日本、韩国、泰国、越南、菲律宾、印度尼西亚、巴基斯坦、尼泊尔、孟加拉国、蒙古国、吉尔吉斯斯坦、哈萨克斯坦、乌兹别克斯坦、土库曼斯坦、塔吉克斯坦、土耳其、英国、爱尔兰、法国、意大利、芬兰、俄罗斯、斯洛伐克、乌克兰、美国、多米尼加、玻利维亚、哥伦比亚、喀麦隆等29个国家的中高级汉语水平留学生的作文,共计700多篇,生语料25万多字,其中中亚留学生生语料7.5万字左右。
② 本文中的"中亚国家"包括吉尔吉斯斯坦、哈萨克斯坦、乌兹别克斯坦、塔吉克斯坦。土库曼斯坦学生的语料比较少,"是"字句只有2句,因此本文不对土库曼斯坦学生的偏误情况进行分析。
③ 我们对1.2万字的短篇小说《北方化为乌有》中所有符合要求的"是"字句进行分类统计,结果为:"是"字句共163例,其中,判断词"是"122例,占74.85%;焦点标记"是"10例,占6.13%;强调标记"是"20例,占12.27%;对比标记"是"11例,占6.75%。

参考文献

李宇明(2015)"一带一路"需要语言铺路,《中国科技术语》第6期。
刘丽宁(2003)《亚洲地区汉语学习者"是"字句习得情况调查与研究》,暨南大学硕士学位论文。
刘雪春(1996)"是＋NP1＋V＋的＋NP2"分析,《山东师大学报(社会科学版)》第1期。
刘月华、潘文娱、故　韡(2001)《实用现代汉语语法》(增订本),商务印书馆。
卢福波(2004)《对外汉语教学语法研究》,北京语言大学出版社。
卢福波(2011)《对外汉语教学实用语法》(修订本),北京语言大学出版社。
鲁健骥(1994)外国人学汉语的语法偏误分析,《语言教学与研究》第1期。
陆俭明(2005)《作为第二语言的汉语本体研究》,外语教学与研究出版社。
吕叔湘主编(1999)《现代汉语八百词》(增订本),商务印书馆。
阮翠荷(2011)《汉语"是"字句和越南语"là"字句对比研究》,华东师范大学硕士学位论文。
石毓智(2005)论判断、焦点、强调与对比之关系——"是"的语法功能和使用条件,《语言研究》第4期。
唐翠菊(2005)"是"字句宾语中"(一)个"的隐现问题,《世界汉语教学》第2期。
王雪勤(2017)《哈萨克斯坦学生汉语"是"字句偏误分析》,新疆大学硕士学位论文。
谢　福(2010)基于语料库的留学生"是……的"句习得研究,《语言教学与研究》第2期。
谢慧珠(2015)《塔吉克斯坦学生汉语"是"字句习得偏误分析》,新疆师范大学硕士学位论文。
杨洪建(2011)汉语"是"字句在哈萨克语中的对应表达,《新疆师范大学学报(哲学社会科学版)》第5期。

杨寄洲主编(1999)《汉语教程》(第二册)(上),北京语言文化大学出版社。
张伯江、李珍明(2002)"是 NP"和"是(一)个 NP",《世界汉语教学》第3期。
张和友(2006)聚焦式"是"字句的句法、语义特点,《语言教学与研究》第1期。

作者简介

祁峰,华东师范大学国际汉语文化学院/国家语委全球中文发展研究中心教授,博士生导师,汉语言系系主任,研究方向为汉语语言学、国际中文教育。Email:fqi@hanyu.ecnu.edu.cn。

田子叶,广州耀华国际教育学校中文教师,研究方向为国际中文教育。Email:tinatian0703@foxmail.com。

从马来西亚华裔的轻声习得谈起

——兼论针对海外华裔的轻声教学

邓 丹[1] 罗施恩[2]

1 北京大学对外汉语教育学院　2 马来西亚双威国际学校

提　要　本研究以马来西亚华裔为研究对象,从他们对轻声辨认和产出的现状入手,探讨了针对海外华裔的轻声教学问题。研究发现马来西亚华裔在轻声辨认和产出中的发展不平衡,他们对轻声的辨认情况较好,能够辨认大部分的轻声词,但是在轻声产出中的表现却不太理想,只能在部分有规律的轻声词中采取轻声的发音。文章还通过对轻声辨认和产出不平衡的原因的分析,进一步探讨了对海外华裔开展轻声教学的相关问题。

关键词　轻声　华裔　辨认　产出

一　引言

1.1　华裔语音偏误研究

海外华裔作为汉语学习者中一类特殊的群体,由于受到汉语闽南话、粤语、客家话等方言以及本土语言的影响,其发音呈现出一定的特殊性。近年来不少研究者对海外华裔尤其是东南亚华裔的语音偏误进行了研究。有的研究分析了印尼、菲律宾、马来西亚华裔的发音难点(董琳莉 1997;王燕燕 1997;倪伟曼、林明贤 2000),有的研究对泰国、印尼华裔的声韵母的发音偏误进行了具体分析(朱湘燕 2001;王茂林、孙玉卿 2007;张锦玉 2015),有的研究对印尼、菲律宾华裔的声调偏误和声调感知进行了研究(王功平 2004;王茂林 2006;张锦玉 2017、2019;孙易、汪莹 2018),还有的研究对比了普通话和当地华语的异同(陈锦源 2007;王茂林 2011;郭熙 2017)。对海外华裔的语音研究主要集中在声韵母以及声调方面,对轻声问题的关注较少。王功平等(2009)考察了海外华裔在普通话轻声发音上的音高偏误,指出音高偏误包括调型偏误和调域偏误,调型偏误表现为调型趋平,调域偏误表现为调域偏窄;杨美玉、陈玉东(2016)考察了马来西亚华裔对中重、重中和重轻三种轻重格式不同的词语的发音，研究发现马来西亚华裔没有普通话发音人发这三种格式词语的对比度那么明显，他们发的三种格式的音长和音高对比度都不够大。

1.2 轻声的语音表现

轻声是普通话中一种重要的语音现象，在普通话中广泛存在。有不少学者对普通话轻声的特征进行了详细的考察，得到的主要共识为：轻声音节与相应的非轻声音节主要在音高和音长上存在差异，音强上的差异不是轻声和非轻声区别的本质特征。相比于非轻声音节，轻声音节的音长明显变短，为非轻声音节的一半左右（林茂灿、颜景助 1980；曹剑芬 1986）。轻声的音高主要受到前面非轻声音节的影响，上声后的轻声调型为"平"或"微升"，非上声后的轻声调型为"降"，在同为降调型的轻声中，阳平后轻声的起点最高，去声后轻声的起点最低（林焘 1962；高玉振 1980；曹剑芬 1986；王韫佳 1996；赵元任 2002）。

普通话轻声也是汉语学习者的发音难点，近年来一些研究者运用实验的方法对来自日本、欧洲的汉语学习者的轻声发音偏误进行了考察，发现这些学习者的轻声发音偏误既有音高上的偏误，也有音长上的偏误。音高上的偏误包括调型和调域两方面，音长上的偏误主要表现为轻声音节时长过长（张虹 2006；汤平 2014；邓丹、朱琳 2019）。

1.3 华裔的轻声教学

由于海外华裔尤其是东南亚华裔的发音基本不存在轻声或者轻声发音不明显（陈锦源 2007；郭熙 2017；王晓梅 2017；祝晓宏 2019），所以针对这些海外华裔的汉语教学中是否要开展轻声教学，存在极大的争议。陈重瑜（1985）和祝晓宏（2019）认为在针对海外华裔的汉语教学中不必教轻声，郭熙（2002）和尚国文、周清海（2016）虽然没有明确提出完全取消轻声教学，但他们认为应该酌情处理，简化轻声教学，甚至也可以不教轻声。而另外一些学者则持相反的看法，他们认为轻声教学可以删繁就简，但简并不等于无（劲松 2002；戴昭铭 2014；林建平 2016；王韫佳 2016）。在针对海外华裔或者汉语作为第二语言的学习者中开展的轻声教学可以与针对中国人的轻声教学在教学内容上有所不同，教学中可以选择规律性较强的轻声词、轻声和非轻声有区别意义作用的词语、日常口语中使用频率较高的词语开展教学（米青 1986；郑秀芝 1996；张燕来 2009；王韫佳 2016）。

1.4 问题的提出

海外华裔学习汉语的人数相当可观，他们的发音由于受到汉语方言的影响，其偏误表现和非华裔有所不同，但是目前对海外华裔这类特殊群体的关注度还远远不够。轻声是普通话中一类特殊的发音，前人对于普通话轻声语音特征的研究已经比较充分，近年来也有研究者运用实验的方法对汉语作为第二语言的学习者的轻声偏误开展了一些研究,但这方面的研究还相对较少。目前针对海外华裔的轻声研究主要集中在轻声教学必要性的探讨上,学者们多是从理论层面结合自己的经验进行讨论,海外学者大多反对开展专门的轻声教学,而国内学者则大多持相反意见,认为轻声教学必不可少。由于几十年来学者们从理论层面出发,对海外华裔轻声教学的意见难以统一,我们认为从海外华裔的发音现状入手,探讨轻声教学问题会更有说服力和针对性,本文以马来西亚华裔为研究对象,从大规模的语音调查入手,考察马来西亚华裔的轻声习得现状,在此基础上探讨针对马来西亚华裔的轻声教学问题。

二 研究语料

根据前人研究(林焘、王理嘉 1992;鲁允中 2001;曹文 2010),普通话轻声可以分为有规律轻声和无规律轻声两大类,句法层面的轻声多是有规律的,词汇层面也有一部分是有规律可循的。本文的研究语料也包括有规律轻声词和无规律轻声词两类。有规律轻声词主要选择前人研究中意见一致的类别,包括结构助词、时体助词、语气词、动词重叠、叠音词、方位词、趋向动词以及带有轻声词缀的词语(林焘、王理嘉 1992;鲁允中 2001;曹文 2010)。无规律轻声词主要选择马来西亚华语中常用的词语。本文主要考察双音节中词末位置的轻声发音,对于多音节轻声或词中位置的轻声发音暂不讨论。

本研究中无规律轻声词的选择参考了《普通话轻声词汇编》(中国文字改革委员会普通话语音研究班 1963)、《轻声和儿化》(鲁允中 2001)、《普通话中必读的轻声词》(史定国 1992)以及《普通话水平测试大纲》(刘照雄 1994),并且参考了这些词语在马来西亚华语中的使用情况。具体步骤为:首先,选取《普通话轻声词汇编》《轻声和儿化》《普通话中必读的轻声词》和《普通话水平测试大纲》中都出现的轻声词;其次,查阅这些词语在《现代汉语词典》(第 7 版)的标音,排除在词典中标注为可读轻声和非轻声的词语;最后,将筛选出的轻声词与《面向华文教学的中小学语文教材课文常用词分级词表的研制》(于艳群 2014) 文中所附的"中小学语文教材课文常用词分级词表"中的 2000 个词进行对照,筛选出华文教材中的常用词,最终得到用于考察的 33 个必读轻声词。

为了进行对比,本研究还选取了部分可读轻声词和非轻声词。可读轻声词选自《现代汉语词典》(第 7 版)中标注为"一般轻读、间或重读的词语",共 20 个,尽量选取马来西亚华语中经常使用的词语。非轻声词选自"中小学语文教材课文常用词分级词表"(于艳群 2014),共 27 个。在轻声词和非轻声词中还适当匹配了一些轻读和非轻读时有意义区别的词语。本研究具体考察的目标词语如下:

(1)有规律词语

必读轻声词：

结构助词(3个)：的、地、得

时体助词(3个)：了、着、过

语气词(4个)：吧、呢、啊、吗

动词重叠(4个)：看看、瞧瞧、听听、走走

叠音词(4个)：爸爸、哥哥、爷爷、姐姐

带缀词(7个)：-们、-么、-子、-头、-巴、-气、-实

可读轻声词[①]：

方位词(4个)：上、下、里、外

趋向动词(8个)：来、去、上、下、进、出、回、起

(2)无规律词语

必读轻声词(33个)：休息、稀罕、清楚、先生、衣服、知识、窗户、麻烦、明白、名字、朋友、便宜、行李、玫瑰、喜欢、眼睛、马虎、晚上、指甲、养活、豆腐、困难、认识、事情、戒指、消息、地道、地方、大意、东西、兄弟、运气、人家

可读轻声词(20个)：活泼、学生、摆布、母亲、客人、聪明、太阳、新鲜、价钱、道理、态度、嘱咐、知道、风水、意识、打算、合同、摇晃、埋伏、黄瓜

非轻声词(27个)：呼吸、公司、思想、生活、失败、意义、进行、速度、大哥、自己、手心、老人、水平、反对、严重、曾经、国家、和谐、获得、简单、地道、地方、大意、东西、兄弟、运气、人家

  上述每个词语都被放在句子中呈现给被试，句子的设计尽量符合马来西亚华语的常用说法。例如："他游得很快。""有空就听听音乐。""端水给客人。""太阳很大。""鱼很新鲜。"等。无规律词语中"地道、地方、大意、东西、兄弟、运气、人家"这7个词语，既可以读为轻声也可以读为非轻声，发音不同意义不同。语料中为这7个词语设计了轻声和非轻声两种不同的语境，因此这些词语既出现在必读轻声词中，也出现在非轻声词中。

  在实际发音语料中，对有规律轻声词的每一类都设计了多个句子，其中包含结构助词的6句，包含时体助词的6句，包含语气词的14句，包含动词重叠的4句，包含叠音词的4句，包含带缀词的22句，包含方位词的8句，包含趋向动词的16句；对无规律轻声词的每个词语设计了一个句子。全部语料共160个句子。

三 马来西亚华裔的轻声辨认分析

3.1 被试与实验过程

本实验的被试为 26 名以汉语为母语的马来西亚华裔中学生,均就读于马来西亚当地的华语学校,平均年龄 14 岁。他们日常主要使用语言为汉语,少量使用马来语和英语。所有被试均自愿参与本实验,实验后获得适当的报酬。

所有语料通过问卷的形式呈现给被试,被试看完每个句子后,根据自己的语感对句子中加点词语的发音进行"读作轻声"或"不读轻声"的二择一判断。实验结束后统计每个词语被判断为轻声的比例。

3.2 有规律轻声词的辨认分析

3.2.1 总体分析

为了考察马来西亚华裔对有规律轻声词的辨认情况,我们根据其句法和词义表现进行了分类,并对不同类型轻声词的辨认情况进行了卡方检验,分析结果显示,不同类型轻声词之间的差异显著($\chi^2=281.898, p<0.001$)。说明词语类型不同对轻声词的辨认存在显著影响。

图 1 是不同类型的有规律轻声词的轻声辨认率的均值,从图中可以看出马来西亚华裔对不同类型有规律轻声词的辨认存在明显差异。在有规律轻声词中,对叠音词、语气词和动词重叠类轻声词的辨认情况较好,对此类轻声词的辨认率都超过了 80%,其中叠音词类轻声词对他们来说最容易分辨。他们也能够分辨结构助词、时体助词和带缀词,对此类轻声词的辨认率在 70% 左右。最不容易分辨的轻声词是方位词和趋向动词,此类词语的轻声辨认率都不足 50%。上述结果显示马来西亚华裔能够较好地辨认出有规律的必读轻声词。

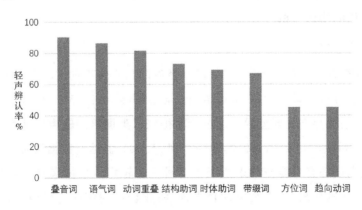

图 1 不同类型有规律轻声词的辨认率

3.2.2 带缀词的辨认分析

本研究的带缀词语料包含了"-们、-么、-子、-头、-巴、-气、-实"7个不同的后缀。为了进一步分析后缀的不同是否对轻声辨认存在影响,我们又对不同后缀词语的辨认情况进行卡方检验,结果显示,后缀不同对轻声词的辨认影响显著($\chi^2=90.279, p<0.001$)。图2是不同后缀词语的轻声辨认率均值,从中可看出,马来西亚华裔对包含"-们、-子"缀的轻声词的辨认率最高,其次是包含"-么、-巴、-头"缀的词语,对包含"-实、-气"缀的词语的轻声辨认率较低。虽然这7个后缀均具有强大的构词能力,而且在语义上也都出现了虚化,但是不同后缀的词义虚化程度还存在差异,其中"-们、-子、-么、-巴、-头"这些后缀的词义已经完全虚化,而"-气、-实"这两个后缀的词义虚化程度相对较弱,具有语义半虚化性。研究者们将前者称为后缀,将后者称为类后缀(吕叔湘 1979;马庆株 1995)。这些结果说明马来西亚华裔对于包含词义完全虚化的轻声后缀的词语的辨认情况要好于包含词义未完全虚化的类后缀的轻声词。

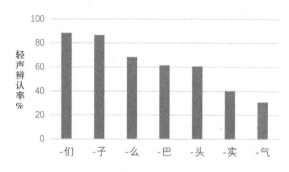

图 2　不同后缀轻声词的辨认率

马来西亚华裔对包含"-们"和"-子"缀轻声词的辨认情况最好,可能是由于"-们"缀的构词能力最强,包含"-子"缀的轻声词数量最多,导致包含这两个后缀的词语在马来西亚华裔的日常口语中会经常出现,因此他们最容易分辨包含"-们、-子"缀的轻声词。

3.3 无规律词语的辨认分析

3.3.1 总体分析

首先对无规律词语中的必读轻声词、可读轻声词和非轻声词这三类词语的辨认情况进行了卡方检验,分析结果显示,三类词语间差异显著($\chi^2=86.571, p<0.001$)。说明这三类词语的辨认情况存在显著差异。通过计算得到三类词语的轻声辨认率均值为:必读轻声词48.02%,可读轻声词37.69%,非轻声词25.09%。这些数据说明必读轻声词、可读轻声词、非轻声词都有可能被马来西亚华裔辨认为轻声。总体来看,他们将必读轻声词辨认为轻声的比例最高,其次是可读轻声词,将非轻声词辨认为轻声的比例最低。但是从辨认比例来看,马来西亚华裔对无规律轻声词的辨认率都不高,即使是普通话中的

必读轻声词,他们的辨认率也不足 50%,这说明他们对于日常生活中常用的无规律轻声词的辨认仍然存在较大困难,对于哪些词语读为轻声的认识还不够充分。此外,马来西亚华裔还容易将 25% 的非轻声词辨认为轻声,说明他们还容易混淆轻声和非轻声之间的区别,将一些非轻声词辨认为轻声。这些结果表明马来西亚华裔对于轻声词和非轻声词的认识还有待加强。

3.3.2 有区别词义作用的轻声词的辨认分析

有些词语在读轻声和非轻声时有区别词义的作用。本研究语料中"地道、地方、大意、东西、兄弟、运气、人家"这 7 个词语在读轻声和非轻声时意义不同。为了进一步考察马来西亚华裔对这些词语的掌握情况,我们计算了上述 7 个词语在轻读和非轻读语境中的轻声辨认率。

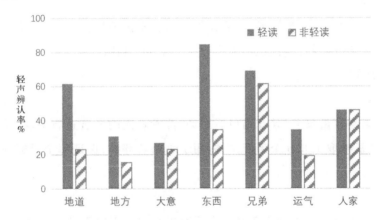

图 3　轻读和非轻读语境中的轻声辨认率

图 3 显示,马来西亚华裔对于不同词语的辨认情况存在较大差异。他们对"东西"和"地道"的辨认情况较好,能够根据语义选择不同的读音,在轻读语境中倾向于选择轻声的读法,在非轻读的语境中则倾向于选择非轻声的读法。对于其他词语来说,被试基本上不能根据语义选择恰当的读音,在轻读和非轻读语境中的辨认率相差不大,在任何语境下,被试都更倾向于把"兄弟"判断为轻声,把"地方、运气、人家、大意"判断为非轻声。其中"地方"和"运气"在轻读和非轻读语境中表现出一些不同,轻读语境中的轻声辨认率略高于非轻读语境,说明有少量被试能够根据两个词语的词义差异进行一些语音选择。

四 马来西亚华裔的轻声产出分析

4.1 发音介绍

1）发音人

20 名以汉语为母语的马来西亚华裔中学生,平均年龄 14 岁,男 2 名,女 18 名。这些发音人参加了轻声辨认实验。

2）发音语料

选取辨认实验中目标词为有规律的轻声词以及无规律词语中的必读轻声词的句子,共 110 个句子作为本实验的发音语料。

3）录音过程

朗读前,先让发音人熟悉语料,然后让他们以正常语速朗读句子,每个句子间停顿约 3 秒。采用 Audition 软件进行录音,采样频率为 16bit,44kHz。

4.2 发音听辨介绍

1）听辨语料

由于录音语料数量较多,录音结束后对 20 位发音人的录音进行剪辑,截取其中的目标词语,然后随机抽取了 650 个声音文件,用于母语者评判,保证每个目标词包含的声音文件为 5~8 个。

2）听辨过程

邀请 3 名中国籍的汉语母语者对马来西亚华裔的轻声发音进行听辨。3 位听辨人均为女性,普通话水平一级乙等,为北京大学语言学相关专业研究生,平均年龄 24 岁。听辨前,请听辨人提前熟悉语料;听辨时,每个声音文件播放两遍,中间停顿 3 秒。录音播放结束后请听辨人判断听到的词语是否为轻声词,听辨选项为两项:是轻声词、不是轻声词。母语者听辨实验分 4 天完成,每天听辨的时间约为 30 分钟。

3）数据统计

首先综合 3 位听辨人的结果,将两人意见一致的选项作为该词的最终结果。然后计算每个目标词的轻声产出率,即每个目标词被判断为轻声发音的数量占该词总数量的百分比。

4.3 轻声产出分析

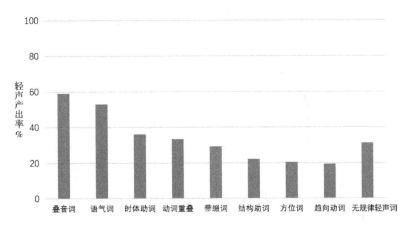

图 4　不同类型轻声词的轻声产出率

首先对不同类型轻声词的评判结果进行了卡方检验,结果显示不同类型词语的发音之间差异显著($\chi^2=36.279, p<0.001$)。图 4 是不同类型轻声词的轻声产出率均值,图中显示,马来西亚华裔日常发音中并不是完全没有轻声,他们可以产出部分轻声词,但整体来看他们将轻声词读为轻声的比例较低。从轻声词的类型来看,只有叠音词和语气词的轻声产出率超过了 50%,其他类型词语的轻声产出率均较低,其中时体助词、动词重叠、无规律轻声词、带缀词和结构助词的轻声产出率在 20%~40%之间,方位词和趋向动词的轻声产出率最低,不高于 20%。这说明马来西亚华裔并不是将所有的有规律轻声词都读为轻声,他们只是在叠音词和语气词上更容易采用轻声发音。对于方位词和趋向动词这些可读轻声词,他们在日常发音中基本上很少采用轻声的读法。对于无规律轻声词来说,马来西亚华裔采用轻声发音的比例也较低,但进一步考察语料发现,他们在无规律轻声词中的发音差异较大,有些词语如"窗户、地方、认识、晚上、行李"等,发音人倾向于采用非轻声的读法,而有些词语如"清楚、豆腐、先生、困难、便宜、衣服"等,大部分发音人都倾向于采用轻声的读法。

为了进一步考察后缀不同对轻声产出的影响,我们对不同后缀轻声词的评判结果进行了卡方检验,分析结果显示后缀对轻声词的发音存在显著影响($\chi^2=14.093, p=0.029$)。从图 5 可以看出,带有不同后缀的轻声词的轻声产出率均较低,只有"-子"缀的轻声产出率超过了 50%,明显高于其他后缀,"-们、-么、-头、-巴"缀的轻声产出率在 20%~40%之间,"-气"缀的轻声产出率低于 20%,"-实"缀的轻声产出率为 0%。这说明马来西亚华裔较少将包含轻声后缀的词语读为轻声,只有在包含"-子"缀的词语中会更多采用一些轻声的读法,"-们、-么、-头、-巴"这些后缀的词义虽然已经完全虚化,但是马来西亚华裔仍然很少将这些后缀读为轻声,对于"-气、-实"这类词义并未完全虚化的类后缀来说,他们通常采用非轻声的读法。

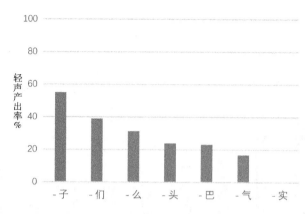

图 5　不同后缀轻声词的轻声产出率

4.4　轻声偏误分析

上文分析显示马来西亚华裔在轻声词的轻声发音上存在较多困难,为了进一步考察他们的轻声发音偏误,本节选取轻声辨认率超过 60% 同时轻声产出率低于 50%,且辨认率和产出率之间相差超过 30% 的词语作为考察对象。为便于分析,本节只选取了词汇层面的轻声词,去除了具有句法标记作用的轻声词,如结构助词、时体助词、语气词等,一共得到 108 个考察的语料。

由本文的两位作者采用听辨的方式对 108 个词语的发音进行了三次听辨。第一次听辨主要是判断轻声词中轻声音节的发音正确与否,最终得到轻声偏误率为 55.38%。然后对其中出现偏误的词语进行第二次听辨,判断轻声音节的音高是否正确。由于采用听辨的方法不太容易判断调域偏误,因此本节的音高偏误主要指在调型上出现的偏误。经过听辨得到的轻声音高偏误率为 15.41%。马来西亚华裔在音高上的偏误主要表现为用非轻声的音高代替轻声,例如"认识"这个词中,马来西亚华裔通常将"识"读为升调而不是降调。第三次听辨主要是判断轻声音节的音长是否正确,最终得到的音长偏误率为 67.96%。从听辨结果可以看出,马来西亚华裔在轻声词的产出中存在大量的发音偏误,在音长方面的偏误比音高方面的偏误更常见。邓丹、朱琳(2019)对欧洲汉语学习者的轻声偏误考察发现,欧洲学习者在轻声发音中的音高偏误远多于音长偏误,而马来西亚华裔则不同,他们在轻声发音中的偏误主要是音长偏误。

为了进一步观察音长偏误的表现,我们用 Praat 软件测量了每个目标词中前后音节的音长,并计算了两音节的音长比,即后音节音长占前音节音长的比例。结果发现,马来西亚华裔产出的轻声词的音长比为 1.02。这说明马来西亚华裔所发的轻声词中前后音节音长相差不大,后音节略长于前音节。杨美玉、陈玉东(2016)的实验也发现马来西亚华裔发重轻格式词语的音长比为 1.04,和本文的研究结论一致。本文对马来西亚华裔轻声音长的考察和前人对普通话发音人的考察结果不同,普通话发音人无论在孤立词中还是在语流中,轻声音节的音长均明显短于非轻声音节,孤立词中的音长比为 0.5～0.6(林茂灿、颜景助 1980;曹剑芬 1986),语流中的音长比为 0.84(邓丹 2018)。上述结果说明马来西亚华裔在轻声产出中的主要偏误为轻声音节的音长过长。

五 针对马来西亚华裔的轻声教学探讨

5.1 马来西亚华裔对普通话轻声的辨认与产出

上文考察了马来西亚华裔轻声的辨认和产出情况,我们对轻声辨认率与产出率进行了相关分析,结果显示马来西亚华裔在轻声辨认和轻声产出之间相关程度较低($r=0.311$,$p<0.001$)。对比 3.2、3.3 与 4.3 的结果可以发现,马来西亚华裔的轻声辨认率均值为 67.37%,而轻声产出率的均值只有 33.76%。这说明马来西亚华裔在知识层面上能够分辨大部分的轻声词,但是在实际发音中却不能用正确的轻声发音来产出这些词语。

在不同类型的轻声词中,马来西亚华裔在轻声辨认和产出中的一致性表现是,他们对于叠音词和语气词的辨认率和产出率均最高,对方位词和趋向动词的辨认率和产出率均最低,表明马来西亚华裔对必读轻声词的辨认和产出情况要好于可读轻声词,在必读轻声词中他们更容易将叠音词和语气词辨认为轻声并用采用轻声的读法。马来西亚华裔在轻声辨认和产出中最主要的不同出现在无规律的必读轻声词上,无规律必读轻声词的辨认率非常低,和有规律轻声词中具有可读属性的方位词、趋向动词差不多,但是它的轻声产出率却远高于方位词和趋向动词。对语料的进一步考察发现,马来西亚华裔对于无规律轻声词的认识并不稳定,有些词语如"戒指、眼睛、困难、清楚"在辨认时将其判断为轻声的比例较低,但是在实际产出中的轻声产出率却超过了 50%,说明虽然大部分发音人都倾向于将这些词语判断为非轻声词,但是在语流中却习惯于采用轻声的读法来产出这些词语。另一种可能的原因是,本研究无论是在辨认实验中还是产出听辨中均采用了"是"或"否"的二分选项,未提供不确定的选项,因此被试认为两可或者无法判断的选择也被统计进来,而无规律轻声词由于没有固定的规律可循,被试在这部分词语的判断中最容易出现模棱两可的情况,这也容易造成被试在轻声辨认和产出中的结果不一致。

马来西亚华裔对不同后缀轻声词的辨认和产出的表现基本一致,"-子、-们"缀的辨认率和产出率均最高,其次是"-么、-巴、-头",最低的是"-气、-实"。由于"-子、-们、-么、-巴、-头"缀的词汇意义已经完全虚化,而"-气、-实"缀的词汇意义还没有完全虚化,所以马来西亚华裔对于带有一般后缀的轻声词的辨认和产出均好于带有类后缀的轻声词。与其他后缀相比,他们在"-子"缀词语中读轻声的情况更为普遍。

5.2 影响马来西亚华裔轻声辨认和产出的原因分析

马来西亚华裔对于轻声的辨认情况较好,能够辨认出大部分有规律的轻声词。这和人们通常认为的海外华裔由于发音中没有轻声，所以不能辨认轻声词的认识不完全一致。由于本文的研究对象均为中学生，学校是他们学习和使用汉语的主要场所，因此我们推测这些华裔学习者对轻声的辨认可能受到了学校教育的影响。

考虑到中学生在学校主要受到教师的影响，教师的轻声意识和知识储备可能会对学生的轻声辨认产生影响。因此我们采用3.1中同样的研究方法，对12名马来西亚汉语教师的轻声辨认情况进行了调查，同样统计了每个词语的轻声辨认率。首先对马来西亚华裔学生与汉语教师的轻声辨认率进行了相关性分析，结果显示，马来西亚华裔学生和汉语教师对轻声词的辨认率高度相关（$r=0.874$，$p<0.001$）。这也表明马来西亚华裔学生对轻声词的辨认确实受到了教师的影响。具体的统计结果显示，马来西亚汉语教师的轻声总体辨认率为75.67%，具体表现为，叠音词100%＞语气词95.83%＞结构助词91.66%＞动词重叠89.58%＞时体助词81.94%＞带缀词72.22%＞无规律必读轻声词58.59%＞方位词50%＞趋向动词41.14%。对比3.2和3.3中对马来西亚华裔学生的考察结果可以看出，汉语教师对轻声词的总体辨认率75.67%，高于学生的总体辨认率67.37%。教师和学生对不同类型轻声词的辨认情况基本一致，均表现为对有规律轻声词的辨认好于无规律轻声词，对必读轻声词的辨认好于可读轻声词。在有规律的必读轻声词中，最容易被辨认为轻声的是叠音词和语气词。教师和学生的不同主要体现在对无规律必读轻声词的辨认上，教师对于无规律必读轻声词的辨认率（58.59%）高于学生（48.02%），从类型对比上看，教师对无规律必读轻声词的辨认率高于具有可读属性的有规律轻声词中的方位词和趋向动词，而学生对无规律必读轻声词的辨认率则和方位词、趋向动词类似，这说明教师对于无规律轻声词的掌握更好。对教师轻声辨认的考察结果也表明教师在教学中的作用不容忽视，教师的轻声意识和知识储备是影响学生对轻声词辨认的关键因素。

曹文（2010）曾指出对于汉语作为第二语言的学习者来说，轻声的发音并不困难，难点在于对轻声词的辨认。本文对马来西亚华裔的考察却发现，华裔学习者和其他二语学习者不同，华裔学习者对轻声词的辨认难度不大，主要的难点在于轻声的发音。造成马来西亚华裔在轻声辨认和产出上发展不平衡的原因，可能是教学中对轻声发音的训练较少。马来西亚汉语教师在访谈中也曾指出，由于教学时间有限，课堂上极少安排专门的轻声发音练习，但是会强调哪些词语是轻声词。对于马来西亚华裔来说，有些轻声词尤其是有规律的轻声词的辨认相对比较容易，他们可以快速掌握并对这部分轻声词进行辨认，但是由于他们母语中没有轻声或者轻声发音不明显，因此他们在轻声发音上不能进行类推，再加上教学中这方面的专门训练极少，导致其在轻声辨认和发音上的发展不平衡。

5.3 针对马来西亚华裔的轻声教学问题

本研究对马来西亚华裔的轻声调查发现，他们能够辨认大部分的轻声词并且在日常口语也会采用一些轻声的发音,这和前人指出的马来西亚华语中没有轻声或轻声不明显(陈锦源 2007;郭熙 2017;王晓梅 2017;祝晓宏 2019)的认识不太一致。为了进一步了解马来西亚的一线教师对于轻声教学的态度,我们对马来西亚中小学的汉语教师发起了一次小型的问卷调查,共有 23 名中小学汉语教师参与,均为马来西亚籍,年龄不限,教龄 3 年以上。调查发现,69.57% 的教师在教学中会传授轻声知识,30.43% 的教师不会专门传授轻声知识;65.22% 的教师会注意自身的轻声发音,34.78% 的教师不会注意轻声的发音;86.96% 的教师认为应该加强马来西亚汉语教学中轻声的规范问题,13.04% 的教师认为不需要加强轻声的规范。

无论是从马来西亚华裔学生对轻声辨认和产出现状看,还是从马来西亚汉语教师的自身认识看,在马来西亚汉语教学中"轻声教不教"的问题已经无须争论了。既然轻声在华裔中学生的语感中已经被广泛认同,马来西亚本土一线教师在具体教学实践中也已经身体力行开展着轻声教学,那么作为语言规范的制定者就更应该从现有的语言实际出发去加以引导,而不是局限在自己的固有认知中止步不前。

针对马来西亚华裔的轻声教学应该教什么?在教学内容上,我们赞同前人的看法(米青 1986;郑秀芝 1996;张燕来 2009;王韫佳 2016),针对华裔的轻声教学可以和对外国留学生的轻声教学一样,采取删繁就简的原则,只选择规律性较强的轻声词、轻声和非轻声有区别意义作用的词语,以及马来西亚日常口语中使用频率较高的轻声词开展教学,普通话中的可读轻声词可以不教,方言色彩或地方色彩较浓的轻声词可以不教。由于马来西亚华语学界主要以《现代汉语词典》作为语言规范(庄兴发、刘香伦 2006),因此可以将《现代汉语词典》中收录的常用必读轻声词作为轻声教学的主要内容。

针对马来西亚华裔的轻声教学应该怎么教?在具体的教学方法上,可以根据轻声的类型选择不同的方法,学生对有规律的轻声词掌握得较好,因此教学的重点应该放在无规律轻声词的教学上。无规律轻声词多为词汇层面的轻声,我们建议将轻声教学和词汇教学结合起来,在教授词语的同时训练学生的发音。一方面要注意正确的拼音标注形式,加强学生对此类词语的辨认;另一方面还要有意识地进行轻声的发音训练,在发音训练中重点强调轻声音节音长变短的特点,可以通过前后音节的对比让学生掌握轻声词前长后短的发音特点。

注 释

① 方位词和趋向动词在现在的发音中更倾向于重读(曹文 2010),本研究参考《现代汉语词典》(第 7 版)的分类,将其归入可读轻声词的范畴中。

参考文献

曹剑芬(1986)普通话轻声音节特性分析,《应用声学》第 4 期。

曹　文(2010)《现代汉语语音答问》,北京大学出版社。

陈重瑜(1985)华语(普通话、国语)与北京话,《语言教学与研究》第 4 期。

陈锦源(2007)马来西亚华语调值的演变兼与普通话比较,《现代语文(语言研究版)》第 5 期。

戴昭铭(2014)汉语国际教育中的规范冲突问题——与郭熙先生商榷,《求是学刊》第 2 期。

邓　丹(2018)《轻声的韵律与句法》,北京语言大学出版社。

邓　丹、朱　琳(2019)二语学习者汉语普通话轻声的感知与产出,《语言教学与研究》第 5 期。

董琳莉(1997)印尼华裔学生学习普通话语音的难点及其克服办法,《汕头大学学报(人文社会科学版)》第 2 期。

高玉振(1980)北京话的轻声问题,《语言教学与研究》第 2 期。

郭　熙(2002)普通话词汇和新马华语词汇的协调与规范问题——兼论域内外汉语词汇协调的原则与方法,《南京社会科学》第 12 期。

郭　熙(2017)马来西亚华语概说,《全球华语》第 1 期。

劲　松(2002)《现代汉语轻声动态研究》,民族出版社。

林建平(2016)国际汉语语音教学的定位与重点,《国际汉语学报》第 7 卷第 2 辑(郑通涛主编),1—7 页,学林出版社。

林茂灿、颜景助(1980)北京话轻声的声学性质,《方言》第 3 期。

林　焘(1962)现代汉语轻音和句法结构的关系,《中国语文》第 7 期。

林　焘、王理嘉(1992)《语音学教程》,北京大学出版社。

刘照雄主编(1994)《普通话水平测试大纲》(新修订本),吉林人民出版社。

鲁允中(2001)《轻声和儿化》,商务印书馆。

吕叔湘(1979)《汉语语法分析问题》,商务印书馆。

马庆株(1995)现代汉语词缀的性质、范围和分类,《中国语言学报》第 6 期(《中国语言学报》编委会编),101—137 页,商务印书馆。

米　青(1986)普通话轻声教学刍议,《语言教学与研究》第 2 期。

倪伟曼、林明贤(2000)关于印尼华裔学生汉语语音的调查及相应的教学对策,《华侨大学学报(哲学社会科学版)》第 2 期。

尚国文、周清海(2016)新加坡华语的语音与流变,《国际汉语学报》第 7 卷第 1 辑(郑通涛主编),205—216 页,学林出版社。

史定国(1992)普通话中必读的轻声词,《语文建设》第 6 期。

孙　易、汪　莹(2018)菲律宾华裔青少年汉语声调偏误分析,《海外华文教育》第 2 期。

汤　平(2014)日本高级汉语学习者汉语轻声韵律习得偏误分析,《华文教学与研究》第 4 期。

王功平(2004)印尼华裔留学生汉语普通话双音节上上连读调偏误实验研究,《暨南大学华文学院学报》

第 4 期。
王功平、周小兵、李爱军(2009)留学生普通话双音节轻声音高偏误实验,《语言文字应用》第 4 期。
王茂林(2006)印尼华裔留学生汉语声调习得分析,《暨南大学华文学院学报》第 2 期。
王茂林(2011)普通话与马来西亚华语单元音比较,《语言研究》第 4 期。
王茂林、孙玉卿(2007)印尼华裔留学生汉语三合元音韵母偏误分析,《世界汉语教学》第 1 期。
王晓梅(2017)全球华语国外研究综述,《语言战略研究》第 1 期。
王燕燕(1997)菲律宾华裔学生汉语语音的调查与分析,《世界汉语教学》第 3 期。
王韫佳(1996)轻声音高琐议,《世界汉语教学》第 3 期。
王韫佳(2016)轻声规范和教学琐议,《国际汉语教学研究》第 2 期。
杨美玉、陈玉东(2016)普通话和马来西亚华语双音节词轻重音对比研究,《海外华文教育》第 2 期。
于艳群(2014)《面向华文教学的中小学语文教材课文常用词分级词表的研制》,暨南大学硕士学位论文。
张 虹(2006)日本学生双音节词轻声偏误及习得分析,《云南师范大学学报(对外汉语教学与研究版)》第 1 期。
张锦玉(2015)印尼华裔留学生韵母(u)o 的习得研究,《海外华文教育》第 2 期。
张锦玉(2017)印尼华裔留学生阴、阳平的感知与产出,《海外华文教育》第 1 期。
张锦玉(2019)东南亚华裔学生阳平、上声的知觉研究,《海外华文教育》第 1 期。
张燕来(2009)对外汉语的轻声教学探讨,《语言教学与研究》第 6 期。
赵元任(2002)汉语的字调跟语调,《赵元任语言学论文集》(吴宗济、赵新那编),737—749 页,商务印书馆。
郑秀芝(1996)谈谈对外汉语课的轻声教学问题,《外语与外语教学》增刊。
中国社会科学院语言研究所词典编辑室编(2016)《现代汉语词典》(第 7 版),商务印书馆。
中国文字改革委员会普通话语音研究班编(1963)《普通话轻声词汇编》,商务印书馆。
朱湘燕(2001)泰国、印尼华裔学生声母发音特点研究,《海外华文教育》第 4 期。
祝晓宏(2019)试论华语语音教学系统的构建及实施,《全球华语》第 1 期。
庄兴发、刘香伦(2006)马来西亚(马来人)对外汉语(华语)词典运用的探讨,《对外汉语学习词典学国际研讨会论文集》(二)(郑定欧、李禄兴、蔡永强主编),288—297 页,中国社会科学出版社。

作者简介

邓丹,北京大学对外汉语教育学院长聘副教授,研究方向为汉语语音、语音习得及语音教学。Email:dengdan@pku.edu.cn。

罗施恩,马来西亚双威国际学校教师,研究方向为汉语语音教学。Email:shien96@qq.com。

国际中文教学版《汉语拼音方案》可行性思考*

杨绪明　马一鸣　杨　捷

南宁师范大学国际教育学院

提　要　《汉语拼音方案》颁布六十多年来,作为汉语语音拼写和教学的基石,一直很好地履行职能,具有极强的科学性和权威性。但在实施过程中也产生了一些争议,部分学者认为其音节中字母和符号的省写、拉丁字母的使用、超宽式的注音工具,以及送气、不送气音的符号标记等部分设计不太适用于汉语二语教学,教学实践中出现了部分"临时变通"的汉语拼写规则。因此,本文探讨了针对汉语二语教学的、统一"临时变通"做法的国际中文教学版《汉语拼音方案》。

关键词　汉语二语教学　《汉语拼音方案》　拼音教学

一　引言

语音作为语言三要素之一,构成语言学习的基础。汉语音节少,吴英成(2015)提到,"常用'自主单一音流'只含非常有限的1270个,与英语的数千个相比少了许多(Kubler 2011)",因此格外要求每个音节的发音质量,以防在语流中流失有效音节。赵元任(1980,156)认为:"发音的部分最难,也最要紧,因为语言的本身、语言的质地就是发音,发音不对,文法就不对,词汇就不对。"(转引自吴英成 2015)张宝林(2005)也认为语音教学在对外汉语教学中占有首要地位。吴英成(2015)也提出"教外国人汉语一开始就必须严格要求正确发音,以避免形成'洋腔洋调'"。在汉语学习中,语音显得尤为重要。有学者发现,作为汉语语音学习基础的《汉语拼音方案》,在实际教学中,也时常会给汉语二语学习者带来拼读、拼写上的困难,因而提议进行改革。改革是否必要？不改是否欠妥？《汉语拼音方案》更新的方向是否只有这两条出路可供选择？

---

* 教育部中外语言交流合作中心国际中文教育创新项目"越南本土中文教师培训与资源开发"(21YH035CX1)。

二 《汉语拼音方案》在汉语二语教学中的困境

2.1 汉语二语教学中《汉语拼音方案》存在的主要争议

张宝林(2005)曾提出:"近十年来,对外汉语教学中的语音教学效果不甚理想,呈现滑坡的态势。"《汉语拼音方案》指导下的汉语二语教学似乎没能取得理想的教学效果。丁迪蒙(2007)、刘振平(2010)、王理嘉(2013)等均对《汉语拼音方案》存在的争议有过讨论,概括起来主要有以下几点:

a. 音节中字母和符号的省写;
b. 拉丁字母的使用;
c. 超宽式的注音工具;
d. 送气、不送气音的符号标记问题。

其中,"a. 音节中字母和符号的省写"是诱发偏误的"重灾区"。这一点其实包含两个问题:一是拼写时,将与辅音声母相拼的 iou、uei、uen 省略为 iu、ui、un;二是 ü 在有些音节中省略上面的两点。(刘振平 2010)即前者省略了韵腹,后者省略了 ü 的"两点"符号,这两种情况可具体说明如下。

2.1.1 iou[iou]、uei[uei]、uen[uən]省略为 iu、ui、un

《汉语拼音方案》设计的省写,最初是为了减轻使用者的负担。王理嘉(2013)提到,"iou、uei、uen 这三个韵母,由于协同发音的影响,在一定的语音条件下韵腹确实会弱化为一个含糊的过渡音,可以用省略式-iu、-ui、-un 来拼写"。然而在二语教学层面,又是另一回事。杨顺安、曹剑芬(1984)针对复合元音的声学语图分析表明,韵腹是一个音节的核心,一般是一个音节当中最为响亮的音段。在《汉语拼音方案》中,韵母 iou、uei、uen 隐去了韵腹,失去了 o、e 两个音位的发音提示,单从拼音的书写形式来看很难判断韵腹的发音。韵腹失落的音节形式,对于依靠拼音来认读汉语字音(词音)的二语初学者而言,并未完全起到原本设想的提示字音的作用,反而成为诱发发音偏误的重要因素。最为突出的是三合元音的复韵母 iu 中的主要元音 o 的缺省,造成了大面积、多国别的汉语学习者的语音偏误。(周奕 2005)

赵金铭(1985)认为,来自使用拉丁字母和阿拉伯字母文字的国家的学生,都具有音素拼合能力,因而提出可以利用他们的语言优势学习拼音。但对于上述三个复韵母来说,去掉韵腹音位,就失去了靠"拼"的方式认读汉语音节的可能,而是要依靠死记硬背来"复述"该复韵母的读音。"由于缺少了韵腹,发音的口型不一样,音质也就不同了。"(丁迪蒙 2007）经常性的错误造成的肌肉记忆使得这样的语音偏误总是先于大脑产生，逐渐沉淀为一种发音习惯。"早期的语音习惯一旦定型，再要改也就非常困难了。"（丁迪蒙 2007）显然，iu、ui、un 这样的"减省"，对于汉语二语学习者而言，不仅没有起到减轻学习负担的作用，反而留下了一些发音偏误的隐患。

2.1.2　ü[y]在某些音节中省略两点写作 u

《汉语拼音方案》制定之初，就力争"调号之外没有其他附加符号"（周有光 1998），这是出于求简理念，避免烦琐的符号层叠递次出现。在中国人看来，ü 两点的省略是非常合理的简化，因为 j、q、x 不与 u 相拼，这是汉语母语者都知道的事实，没有人会刻意拼出 [tɕu][tɕhu][ɕu] 这样的音来。那么为什么二语者会在这个问题上频频出错呢？

在语流中，思考时间非常短暂。在这短暂的时间内，汉语二语学习者要准确识别每个字母在汉语中所代表的实际音位（而非在其母语中的常用音位），同时还要注意调号、分隔符等超音段提示，并迅速把它们拼读到一起。这是一个较难的发音过程，当遇到去掉两点的"伪装者"时，学习者还要刻意去思考这样拼合是否符合声韵拼合规律，该音节中的符号"u"究竟是 u 还是 ü。显然，在语流中要完成如此的思考量是相对困难的。事实上，尚需依靠拼音辅助学习的初学者，绝大部分短时间内还无法理解什么是"声韵拼合规律"，对于这样的特殊音节，他们的学习方式主要还是死记硬背。这些没有头上两点作为提示的"ü"，在他们眼里和 u 没什么两样，实际学习时常常会成为拼读音节的陷阱。用汉语拼音作为工具进行汉语二语教学的优势之一，是"可以使学生避免逐字地机械模仿，而能自觉地、科学地学习语音"（杨甲荣 1983）。但是，类似的实际学习情况一旦走到了单纯靠机械记忆去学习的地步，拼音就失去了优越性。

2.2　《汉语拼音方案》在汉语二语教学中的受限情况

以赵金铭（1985、2009）、王理嘉（2005）等为代表的一些学者认为，上述问题可以通过教师的灵活变通来解决。针对外国人进行的拼音教学，可以有其他策略。赵金铭（1985）认为，开始阶段的语音教学"可采取'蛛网式'教法，先拉线，即粗给经过简化、适合外国人学习的声、韵、调系统；以后再织网，即不断地正音、巩固"。王理嘉（2005）指出，在世界汉语教学中，有关拼音的教学经常会采用"临时变通"的方式，如双唇音 b、p 和 o 相拼时，"采用 b(u)o 或 buo 这样的拼写形式去教"。赵金铭（2009）指出，"帮助学习者形成汉语语音格局的观点，可以作为我们对初学汉语者进行《汉语拼音方案》教学的基本出发点"，并提到了《汉语教科书》对《汉语拼音方案》的变通处理，认为"其基本出发点是：教汉族人学习汉语拼音与教外国学习者掌握《汉语拼音方案》应该有不同的教法"。

既然这是一个好办法，为什么不能把"临时变通"的手段固化，变成通用的拼写形式去教呢？国际中文教学本来就是一门专业的学科，专门培养国际中文教育人才，用统一的标准去培养国际中文教师，更能保证教学质量。目前教育部中外语言交流合作中心外派的国际中文教师志愿者，多是一两年任期期满后就回国，教师的更新换代极快，如果没有统一的教学标准，你变通一点儿，我变通一点儿，有的教师变通，有的教师不变通，就很容易造成学生的困惑。况且这样的"临时变通"不能解决教材的问题。当"教师的变通教学"与"教材标注的拼音"产生分歧时，教师一时难以向初级水平学生解释什么是《汉语拼音方案》求简理念，为什么拼音字母的拼写形式不代表实际音值，更别提还有语言不通的因素存在。这样的分歧会干扰学生对汉语语音的认知，也会带来许多不必要的误解与麻烦。

那么，基于以上几点，就要重新思考：有必要对《汉语拼音方案》加以改革吗？

三　现阶段《汉语拼音方案》不宜改革的原因

3.1　《汉语拼音方案》的权威地位

中华人民共和国全国人民代表大会于1958年2月11日批准公布《汉语拼音方案》为中国的法定拼音方案；1977年，联合国第三届地名标准化会议认定：汉语拼音方案在语言学上是完善的；1982年，国际标准化组织规定拼写汉语以汉语拼音为国际标准（ISO7098）；2000年，中华人民共和国第九届全国人民代表大会常务委员会第18次会议通过的《中华人民共和国国家通用语言文字法》规定：国家通用语言文字以《汉语拼音方案》作为拼写和注音工具。（赵金铭2009）《汉语拼音方案》的法律地位和权威自此奠定，使用汉语拼音为汉字注音已成为国家法律的明文规定。《汉语拼音方案》具有法定性和权威性，必须得到坚定的支持和信任。"对于国家颁布的现行法律，不能采取合我意者从之，不合我意者曲为之解，或者钻空子的态度。"（王均2003）国家法律也不应因个别声音的反对而轻易作出改变。

周有光（2008）指出，汉语拼音"原来是国内的文化钥匙，现在延伸成为国际的文化桥梁"；李亚楠、周小兵（2015）指出，"拼音化应该有两个层次，第一个是国家民族内部的层次，第二个是国际交流的层次。汉语拼音方案在早期的主要作用是推广普通话，促进国家民族内部的交流；而现在的需求是国际上的流通和使用"。《汉语拼音方案》颁布以来，不仅在推广普通话、中文信息处理等领域取得了巨大成就，而且在国际中文教学和汉语国际推广等方面贡献不菲。"它的应用范围之广，影响之大，是举世公认的"（赵金铭2009），已经具有极强的国际影响力。

此外，汉语拼音无文字之名，却行文字之实，必须遵循语言文字约定俗成的规矩，一旦经过全社会的认可，就不能轻易改变。

3.2 汉语母语者的稳定性使用需求

《汉语拼音方案》首先是为中国人服务的,外国学习者并不是《汉语拼音方案》最大的受益群体。《汉语拼音方案》的蓝本之一——《国语罗马字拼音法式》的主要创制人赵元任(1922/2002)认为,凡拟国语罗马字应注意的原则中,"第一原则"是"小孩子或不识字的人将来学起来和事务上与学问上用起来合宜不合宜,不能偏凑着已经有汉字知识的中国人来定好坏,也不能全顾到中国人学外国言语或外国人学中国言语的便当与否"。若按部分学者的意见,要求《汉语拼音方案》能够完全适用于外语母语者的汉语学习,是不现实的。众口难调,《汉语拼音方案》不可能、也没必要迎合所有国家的汉语二语学习者的学习要求。

汉语母语者大都是先掌握了语音,而后才正式学习拼音及其拼写规则。他们最先接触的字母就是汉语拼音字母,不存在母语负迁移的影响。"中国人实际的汉语音感印象的获得往往早于汉语拼音工具的掌握,而外国学生往往是同步的,甚至是颠倒的,即外国学生是通过利用汉语拼音的拼读获得汉语发音的最早的音感印象。"(周奕 2005)这就是为什么中国人能接受《汉语拼音方案》的所谓"争议",而外国学习者不能接受。中国人使用汉语拼音的人数之多、频率之高、领域之广,都远胜于汉语作为二语的使用者,单纯为了方便二语学习而改动拼音方案不免有些舍本逐末。

此外,改革《汉语拼音方案》会给中国汉语教学带来断层问题。"一种字母成为民族形式,需要极长时期的实际应用,经过约定俗成,方能成为公认的民族形式。"(周有光 1998)《汉语拼音方案》的改革也不是一朝一夕能解决的问题。《汉语拼音方案》作为语言辅助工具,和语言一样,需要经过全社会约定俗成的过程,也需要得到国际社会的广泛认可。周有光(1998)指出:"从一套字母到成为公认的文字,是一个历史发展过程。这不是几十年的事情,而是几百年的事情。"改革《汉语拼音方案》,需要打破母语者的固有观念,人们能否接受这样的改变还未可知,但一定可以预想到,这会是一个艰难的过程。对现行《汉语拼音方案》进行改革,实在需要慎重。

3.3 中文信息处理的实际需要

20 世纪 80 年代起,《汉语拼音方案》进入了一个新的历史时期:随着电子计算机的发展,国内汉语拼音的应用进入了中文信息处理领域(王理嘉 2013),最具代表性的就是拼音输入法的普及。"据山东卫视 2008 年 2 月 7—10 日播放的《汉语拼音 50 周年》专题片调查,手机短信用拼音输入的占 95% 以上。"(安华林 2008)那么改革《汉语拼音方案》带来的输入法问题也值得注意。以"ü"的两点省略式为例:目前,在拼写 yue 音节时,我们用 u 来代替 ü;拼写单元音 ü 时,我们用键盘上的 v 来代替,这样,只有 lü、nü 等少数音节需要用到按键 v。如果对拼写方式进行改革,那么 yue 要变成 yüe,键盘输入是否应变为

yve？或者我们把键盘上的 v 直接变成 ü，那么当我们改用英文拼写时又要用 ü 来代替 v。即使国内社会能够接受这样的输入法，国际社会又能接受吗？这样，恐会带来更多问题。

根据台湾学者的词库统计分析，"音素（音位）层面上 10% 的差异，到了音节层面上就扩大为 19% 的拼音形式的差异，而在词汇层面上则 10 万个词语中就造成了 48% 的拼写形式的差异。这就是说，由下往上，随着语言层次的升高，差异会呈几何级数扩张，最后造成将近一半汉语词汇的拼写形式发生变化，面貌迥异"（王理嘉 2009）。国际上已经认定汉语拼音是拼写汉语的国际标准，若拼音的拼写面貌发生如此巨大的变化，其势必无法在国际上流通，从而阻碍与世界各国的科技信息、学术资料的交流（王理嘉 2009）。诚然，想要继续推广汉字，使汉语真正具有强大的国际影响力，当前最好的选择就是以不变应万变。王理嘉（2009）指出，《汉语拼音方案》的改革"不要把问题简单化，仅仅局限在学术层面上来讨论问题，还要考虑涉及社会利益方方面面的其他各种问题"；安华林（2008）也认为"《方案》的修订牵一发而动全身"。也许未来我们会发现真正适合《汉语拼音方案》的改革，但一定不是现在。

四 实行国际中文教学版《汉语拼音方案》的可行性

基于前文分析，那么《汉语拼音方案》存在的部分"争议"真的不可取吗？

许多学者想要改革《汉语拼音方案》的理由是它还不是至善至美的，但是有没有完美的"汉语拼音方案"？改到什么程度才算完美呢？"完美"是个主观概念，每个人对"完美"的解读都有所不同。客观地说，作为交际工具，只要它能正常行使职能，完成人们赋予它的使命，那么"汉语拼音方案"就是成功的。"十全十美，众善皆备，全方位皆优的拼音方案过去没有，将来也不会有，这也是必须首先说明的。"（王理嘉 2005）

4.1 关于使用拉丁字母的可行性

长久以来，《汉语拼音方案》中拉丁字母的使用一直备受讨论。有人认为，这会误导以拉丁字母为母语的二语学习者，他们在使用拼音时常会将其误拼为拉丁字母原本的发音。这种说法略有欠妥。误拼问题不是《汉语拼音方案》的问题，而是母语负迁移的问题。只要母语与汉语拼音的发音不完全一致，这种负迁移就必然存在，这是学习任何语言都会发生的问题，而不仅仅存在于以《汉语拼音方案》为基础的汉语学习中。还是要强调，基于使用了拉丁字母而产生的母语负迁移之说本身就是不合理的。《汉语拼音方案》所采用的这些拼音字母既已本土化，就必须作为汉语拼音中的字母存在，不应再去讨论它原本所属的问题。举个极端一点儿的例子：英文字母源于希腊字母，希腊人在读英语时，会要求英文字母的读音与希腊字母的本音完全一致吗？难道英国人会因为希腊人学习英语时存在偏误而对英文进行改革吗？汉语二语学习者学习汉语拼音时会产生类似的误解，是因为他们的观念没有摆正，没有深刻认识到这是一种和母语完全不同的全新的语言，汉语拼音所采用的部分拉丁字母一经中国本土化，已然在为新的语言服务，成为汉语音位的代号，与其在拉丁语中的本音不再发生关系。汉语拼音字母的读音只能根据汉语来确定。外国人如果按照英文字母的读音习惯来拼读汉语，那是学习者自身的"张冠李戴"（是其不当的学习策略造成的），决不是《汉语拼音方案》拼音设计有误（王理嘉 2013）。李耘达（2015）谈这种偏误的心理因素，认为"学习者不易记忆声音表象，也不易记忆发音器官的细小动作，所以非常容易依赖已经比较熟悉的'拉丁字母'来记忆汉语的发音"，这种学习策略其实是"用自己内化的规则去生成语音"，而"汉语拼音作为学生'内化规则'的重要参考来源，也就成为语音偏误的来源之一"。他提出用"长时间的语音模仿"来弥补这一问题。可见，即使不对《汉语拼音方案》进行改革，这类问题也可以得到解决。

4.2 关于"清浊对立"和"送气、不送气音"符号标记的规定

同理，清浊对立的问题和送气、不送气音的符号标记问题也是源于西语的影响。"按照拉丁字母的英文读音习惯设计的汉语拼音之所以让外国人觉得适用、方便，其核心的问题是，凡西方学者设计的拉丁化汉语拼音都严格遵守清辅音字母（p、t、k 等）与浊辅音字母不能混淆的原则，这符合他们印欧语系的语言特点。"（王理嘉 2013）汉语声母本身不存在明显、成对的清浊对立关系，强改以顺西语于理不合。使用符号标记送气、不送气音更是把简单问题复杂化，凭空多出无数符号来，难写又难认（尤其体现在手写体中），与其他符号也是冲突。"对此，赵元任早已作了透辟的分析：字母的定音固然是'和多数西文的读音相近的为好'，但是'为求实用上的便利'，可以'牺牲理论上的规则'。把 b、d、g 等字母'这样改借过来有无穷的便利，所以不能顾忌到学理上的不准确'。"（王理嘉 2013）理论和教学是两回事，一定要分清这是不同的两个概念域。勉强一个简单易懂、服务于教学的拼音系统去迎合严谨的语音学理论，看起来是有些苛刻了。既然提到了清浊对立所用的字母改借，那就不得不提到《汉语拼音方案》的超宽式注音。赵元任（1922/2002）指出，《汉语拼音方案》中字母"不作精确研究的器具""要求实用上的便利"，所以"一个字可以有两种或几种读法""太精确反倒不适用"。有人认为这样记音并不准确，不符合《汉语拼音方案》要求的科学性。"记音系统的'通用性'越强，使用范围的局限性越大"（范开泰 2008），就必须以牺牲便利性为代价，造成实用上的困难。何况，记音符号本就没有绝对的准确性。拿国际音标来说，即使标音相同，其实际发音也不一定完全相同。泰语和汉语中都有[u]这个音，但若是让泰国人和中国人同时发这个音，从一次发音的听感上就

能发现不同。"语音标准只能是模糊的、潜在的、具有弹性的"（王汉卫 2002），世上没有完全相同的两片叶子，也没有完全相同的两个音。"无用处不细分辨"（赵元任 1922/2002），这正是《汉语拼音方案》的巧思之处。

设计者们对《汉语拼音方案》存在的问题是有思考的。周有光（1998）说："《汉语拼音方案》不是没有缺点的，但是改掉一个缺点往往会产生另一个缺点。缺点和优点是共生的。只能两利相权取其重，两弊相权取其轻。"如此才形成这样优化的设计，自 1958 年推行之日起，《汉语拼音方案》已经过数十年实践的检验，其科学性和权威性依然屹立不倒。

4.3 国际中文教学版《汉语拼音方案》的可行性分析

不可否认的是，《汉语拼音方案》在汉语二语教学中确实遇到了一些困难。iou、uei、uen 的韵腹省略式，ü 在某些音节中两点的省略，都给汉语二语学习者带来了不小的困扰。既然《汉语拼音方案》目前不便改革，那么在初学者语音教学中，对拼音的书写形式作出暂时的调整，或许是可行的。因汉语二语教学而起的改革思潮，就在二语教学的圈子内部解决，这不是顺理成章的办法吗？

国际中文教学版《汉语拼音方案》，整体上与《汉语拼音方案》相同，只在细节上作出调整：iou、uei、uen 的韵腹 o、e 不再省略，ü 在各音节中都保持两点不变，并附《普通话音节总表》，将通用音节与调整音节对照标出，如：xiu(xiou)。该方案仅适用于汉语二语学习者在语音学习的初期使用，当学生完全适应了汉语的语音面貌、能够进行较为准确的语音输出时，再由教师用一课时的时间把国内使用的标准版《汉语拼音方案》传授给学生，让学生在后期的日常练习中逐渐适应标准方案。

需要强调的是，国际中文教学版《汉语拼音方案》不是直接对原方案进行改革、令其同时适用于中外两类学生群体，而是针对汉语作为第二语言学习者的初学阶段，适配一套经过"微调"的《汉语拼音方案》，以便语音教学的开展。这样，所有的一线教师都可以据此统一教学策略，采取更易接受的方式进行初级阶段的拼音教学。

学术和教学是两个不同的层面，教学上的变通与学术上的严谨并不矛盾。在进行对外汉语教学、特别是进行对外汉语的启蒙教学的时候，教师一定要了解未经"微调"的《汉语拼音方案》尚有拼合上的缺憾，重视拼音教学中因之所带来的误读后果，用一些简单易行的方法来加以避免；同时，也应该看到，《汉语拼音方案》毕竟只是"一种拼读汉语语音的'拐棍'，是一种学习的手段，而不是最终的目的"（丁迪蒙 2007）。因此，只要能有效达成学习目的，可以在初级阶段（入门阶段）短期内对拼写的合规范性暂时放宽要求，这是 iou、uei、uen 保留韵腹，ü 形态不变的前提。

再者，yu、yue 等音节去掉 ü 的两点，概因《汉语拼音方案》里的字母 ü"破坏了除调号以外不用符号的规则"（周有光 1998）。这就要考虑为何在设计之初要采取这样的字母代替[y]音。据周有光(1998),拼音方案委员会当时的考虑是,ü("迂")"是个重要元音,需要有一个单独字母代表它"。既然出于字母独特性的考虑,那么 ü 作为一个整体的字母书写形式,它的"两点"就不应再称为一种"符号",可免于针对"符号"采取的减省措施。

其实,这样的教学措施由来已久。李耘达(2015)谈到,有不少教师"将拼音字母的省写延后出现,在前语音阶段坚持采用 uei、uen、iou 形式,等学生语音已经比较熟悉、稳定再出现省写形式"。他认为"这个方法确实能够起到一定作用,但在实际操作中会有一些漏洞。如在课本的印刷上,生词的注音仍然是通用的省写,易给学生带来混淆"。说到底,还是因为教学和教材规范没有统一造成的问题。在汉语二语教学中《汉语拼音方案》的改动,与其说是国际中文教学版《汉语拼音方案》,不如说是将国际中文教学中的合理"变通"固定化、统一化。若所有的初级阶段教材(特别是在"语音教学"部分)都按此标准注音,教师也都能按此标准讲解,帮助学习者度过语音适应期后再花少量时间进一步学习标准版《汉语拼音方案》,此后便一直沿用标准版《汉语拼音方案》,可继续在中高级阶段的中文信息输入中为拼音使用者服务,就算融入中国的语言社会中也没有任何障碍。

拼音始终都是一种辅助工具,汉语的实际使用中还是以汉字为主导。赵元任(1922/2002)的"文字尚形"原则告诉人们,"无论何种文字,在实行的时候都是见面认字的",这是一种"视觉读法"(王理嘉 2013)。要去思考使用文字时"见到"的到底是谁。这与"字本位"对外汉语拼音教学法的理念不谋而合:"在对外汉语教学起始阶段的拼音教学中,把声韵调的教学始终跟音节和汉字的认读紧密结合在一起",韵母"整体合读"(王理嘉 2013)。丁迪蒙(2007)做过实验:教材《黄河·长城》《做游戏·学汉语》在汉语拼音教学阶段,特意不省略 ü 的两点,音节写成 jü、qü、xü、yü;iou、uei、uen 有意把中间的韵腹加进去。教完这些语音后马上教常用词语。拼音教学完成后,课文都以汉字形式出现,学生接触的都是汉字,很少看见拼音音节,也就没有了拼音的强烈概念。学生只是把拼音作为学习汉字的拐棍,认识汉字后再也没有必要总是看拼音了。(丁迪蒙 2007)这和中国学生学习不认识的汉字是一个道理。拼音不会贯穿汉语二语教学的始终,国际中文教学的最终目标是让留学生能够像中国人一样无障碍阅读、书写、使用汉语。那么,在此过程中,仅在初级阶段对学习者作出一点儿小小的妥协,应当是在合理范围内的。

教学依托于教材,汉语二语教材的实际情况也需要纳入考量。目前的初级教材涵盖的范围很广,与之相对的教学对象情况也较为复杂。国际中文教学版《汉语拼音方案》,是为了让零基础的汉语二语学习者尽快熟悉并掌握汉语语音而创造的,有语音基础的学习者反而不适用,容易造成画蛇添足的后果。大班课教学中,学生汉语基础良莠不齐的情况比比皆是,因此国际中文教学版《汉语拼音方案》与标准版《汉语拼音方案》同时标注的做法十分必要,使用国际中文教学版《汉语拼音方案》的教材中必须附带拼音音节对照表,明确标示出标准音节的书写形式。音节对照表能够有效应对教学中可能出现的音节矛盾问题。教师选择教材时,也应首先考虑本班学生的语音基础,零基础的学生优先考虑使用国际中文教学版《汉语拼音方案》的汉语教材。以语音零基础为前提,学龄前、低学龄儿童或口语速成班人群更建议使用国际中文教学版《汉语拼音方案》,可以用较低的教学代价获得较好的教学效果;以学历教育为代表的长期班教学,或在学习初期就有键盘输入需求的学习者,可以考虑缩短国际中文教学版《汉语拼音方案》接受期、延长标准版《汉语拼音方案》适应期,或直接采用配备标准版《汉语拼音方案》的教材,因为这类学生对新语言的接受度较高,学习动机更强,甚至可能需要在极短时间内迅速掌握标准版《汉语拼音方案》。对后者而言,直接使用标准版《汉语拼音方案》是更优选择。

但实际教学中,有良好的语音基础却参加初级阶段的拼音学习属于极特殊情况,因此我们建议所有的初级汉语教材都使用国际中文教学版《汉语拼音方案》。如果某些教材目前缺乏再版条件,教师在教学实践中可以先将国际中文教学版《汉语拼音方案》作为补充材料与现行的教材结合使用,先由教师按照国际中文教学版《汉语拼音方案》实施教学,等到这些教材再版时再行补充。

国际中文教学版《汉语拼音方案》是从教学的实际经验总结而来的,它的实质是统一的教学变通标准。它来源于教学、服务于教学,自然也更适用于教学。汉语语音在世界语言中极具特殊性,其语音美感为初学者带来一定的挑战,许多人在学习汉语多年后仍然不能准确识读拼音。诚然,我们不会仅因二语学习者的不便就轻率地改变《汉语拼音方案》,但作为教师,在一定范围内为学生谋求更为简便高效的学习方式是充分发挥自身主导性的要求,是应大力提倡、无可指责的。初学难度的降低,对于汉语在二语学习方面提高竞争力也有很强的助力。个人化的变通式教学虽好,但如果不加以固化,使其变成一个统一的标准,多数不能达成应有的教学功效,有时也可能会搅乱汉语教学的局面。我们不能保证每位教师都受过同样的教学教育,更不能保证每位教师的每节课都能完美地把控变通内容和变通节奏。实际教学的复杂性和易变性会为教学效果带来意想不到的潜在危机。因此,将标准版《汉语拼音方案》中这类虽有争议但在教学中的变通固定下来,形成一套统一的国际中文教学版《汉语拼音方案》,能最大化地减少教学偏误,提高教学效率,并能将教师与教材完美配套,避免师生间很多关于"变通"与"标准"的矛盾。

五 结语

针对汉语二语教学的国际中文教学版《汉语拼音方案》确有可行性,可在初学汉语的一个阶段内作为语音学习的辅助工具使用,当学生比较熟悉汉语语音形态,或开始中高级阶段的汉语学习、有键盘输入的需求时,再在教师的引导下使用标准版《汉语拼音方案》。

事实证明,《汉语拼音方案》能够妥善地行使原定职能,没有改革的必要;而对汉语二语学习者来说,某几个拼音的书写形式,的确会在一定程度上成为学习汉语的不利因素。那么,采取一个较为折中的办法——使用国际中文教学版《汉语拼音方案》也是可行的。但教学本身是一种实践,国际中文教学版《汉语拼音方案》的教学效果仍需大量的教学实践来进一步验证。

参考文献

安华林(2008)再谈《汉语拼音方案》的优化,《北华大学学报(社会科学版)》第3期。
丁迪蒙(2007)《汉语拼音方案》在对外汉语教学中的缺憾及辨正,《上海大学学报(社会科学版)》第6期。
范开泰(2008)要加强《汉语拼音方案》的应用和推广的研究,《语言文字应用》第3期。
李亚楠、周小兵(2015)汉语拼音方案的产生、发展与对外汉语教学,《云南师范大学学报(对外汉语教学与研究版)》第6期。
李耘达(2015)从心理语言学角度看《汉语拼音方案》在第二语言语音习得中的误导,《语文学刊》第20期。
刘振平(2010)汉语国际推广背景下的汉语拼音拼写规则的改革,《汉语学习》第6期。
王汉卫(2002)"标准"与"基石"——基础阶段对外汉语语音教学的新思考,《暨南大学华文学院学报》第2期。
王　均(2003)再论汉语拼音方案是最佳方案,《语言文字应用》第2期。
王理嘉(2005)《汉语拼音方案》与世界汉语语音教学,《世界汉语教学》第2期。
王理嘉(2009)汉语拼音60年的见证与前瞻,《语言文字应用》第4期。
王理嘉(2013)《汉语拼音方案》的理论释要兼及汉语拼音教学的基本观念,《语言文字应用》增刊。
吴英成(2015)互联网+国际汉语教学:进阶式汉语发音教程,第十二届国际汉语教学研讨会(2015)第十二届国际汉语教学研讨会论文选,291-299页,2015.12.09,上海。
杨甲荣(1983)《汉语拼音方案》在对外国学生汉语教学中的作用,《文字改革》第9期。
杨顺安、曹剑芬(1984)普通话二合元音的动态特性,《语言研究》第1期。
张宝林(2005)语音教学的现状与对策,《云南师范大学学报(对外汉语教学与研究版)》第6期。
赵金铭(1985)简化对外汉语音系教学的可能与依据,《语言教学与研究》第3期。
赵金铭(2009)《汉语拼音方案》:国际汉语教学的基石,《语言文字应用》第4期。
赵元任(1922/2002),国语罗马字的研究,《国语月刊》第7期。/《赵元任语言学论文集》(吴宗济、赵新那编),37-89页,商务印书馆。
赵元任(1980)《语言问题》,商务印书馆。
周　奕(2005)汉语拼音对外国学生发音偏误的诱发机制及其教学对策,《语言文字应用》增刊。

周有光(1998)《汉语拼音方案》的制订过程,《语文建设》第 4 期。

周有光(2008)《汉语拼音·文化津梁》序言——纪念《汉语拼音方案》公布 50 周年,《北华大学学报(社会科学版)》第 2 期。

Kubler,C. C. (2011)*Basic Spoken Chinese:An Introduction to Speaking and Listening for Beginners*. Singapore:Tuttle Publishing.

作者简介

杨绪明,南宁师范大学国际教育学院教授,硕士研究生导师,研究方向为汉语词汇语法、语文教学及国际中文教学。Email:375549460@qq.com。

马一鸣,南宁师范大学国际教育学院硕士研究生,研究方向为汉语言文化国际教育。Email:1939216696@qq.com。

杨　捷,南宁师范大学国际教育学院硕士研究生,研究方向为汉语言文化国际教育。Email:1505080929@qq.com。

俗谚语在汉语教材中的面貌分析及编写处理刍议

陈雅芳[1]　信世昌[2]

1　台湾铭传大学华语文教学学系　2　台湾清华大学跨院国际硕博士班学位学程

提　要　俗谚语富含中华文化色彩，具有修辞的功能，为汉语母语者所常用，但对汉语作为第二语言的学习者而言却是学习的难点。究其原因，现有教材中多仅针对俗谚语的语义进行注释而无应用练习，使学习者即使理解其意义也难以应用。本文以 67 本汉语教材为研究对象，分析教材中的俗谚语，以及其注释、语义、语用及例句等方面之处理方式，发现教材中对于俗谚语多以英语注释为主，语义、语用、例句及练习题方面的重视度颇有不足。本文分别从俗谚语的句式、语义解释、语用功能、例句及练习五个方面提出编写建议，并给出编写范例，供教材编写者参考。

关键词　俗谚语　汉语教材　教材编写建议

一　引言

　　俗谚语是汉语中重要的语言现象之一，反映中华语言及文化的特色，在汉语母语者生活中广泛使用，但对汉语作为第二语言的学习者而言，即使学习多年已达高级汉语程度可能也难以根据情境而随时使用。俗谚语虽有特殊的语言结构及文化意涵，对汉语学习者而言是学习的难点，但也是判断其汉语能力高低的标准之一。从语言结构来看，俗谚语多为一个完整的句子，可独立存在，也可充当句子中的成分。由于俗谚语多为人民所创造及使用，因此具口语性，有时改变语序或部分形式，但意义不变，如"路遥知马力，日久见人心"亦作"路遥知马力，日久知人心"，"牛头不对马嘴"也可作"牛头马嘴对不上"。从文化意涵来看，部分俗谚语具丰富的中华文化意涵，交际双方须具备相同的文化背景知识方可沟通，如"情人眼里出西施""说曹操，曹操到"等。另外，多数俗谚语同时具有字面意义和比喻意义，如"关公面前耍大刀"字面意义为自己的刀法比不上三国蜀汉名将关公，却在他的面前耍弄大刀，比喻意义为在高手面前卖弄自己不足的能力。

　　从汉语教学的现况可知，针对俗谚语的研究、教材编写及教学仍较少。研究方面，目前多着重在俗谚语本体，包括定义、音韵、修辞、语法、文化意涵、中外文对比等方面，对于将俗谚语应用于汉语教学中的相关研究相对较少;教材编写方面,专门以俗谚语作为教学主体而编写的教材仍不多,一般教材虽按学习者的汉语程度而将俗谚语融入教材编写中,但着重在俗谚语意义的解释上,缺少常用句式及语用等方面的介绍,也少有专门的俗谚语使用练习设计;教学方面,虽教师已有意识地在教学中导入俗谚语,但整体上对俗谚语的重视度仍较低。

有鉴于此,本文主要的研究目的有二:一为分析现有汉语教材对俗谚语编写的方式;二为提出俗谚语在教材中的编写建议及设计范例,以供参考。

二 文献回顾

关于俗谚语的研究,主要有三个方面,即俗谚语的定义及本体研究、俗谚语在汉语教学中的研究以及俗谚语在教材中的编写原则。以下分述之。

2.1 俗谚语的定义及本体研究

俗谚语是熟语的一部分,崔希亮(1997)认为"熟语"是一个上位概念,其中包含了成语、俗语、谚语、歇后语、惯用语、格言等。成语多为四字,倾向用于书面,多可考究其来源;歇后语由两部分组成,前半为谜面,后半为谜底,具口语性;惯用语多为三音节,具语义双重性及情感色彩;格言出自名人之口,是一个完整的句子。至于俗语和谚语,温端政(2005a、b)认为两者具有共同性,包括皆为人民所创造及使用、结构固定、具口语性,许多学者亦认为区别两者的意义不大(廖汉臣 1995;曾永义 1997;等等),因此本文将俗语和谚语视为一体,并以"俗谚语"一词称之。

俗谚语的本体研究范围广泛,包括定义、来源、语音、修辞、语法、言语意义、语用及文化等方面(温端政 1985)。来源方面,温端政(1985)认为俗谚语的来源可分为四类:与人民生活相关、与中华文化相关、与宗教相关、古代典籍。语音方面,陈建民(1989)、熊欣(2005)、魏爽(2009)认为,为了便于记忆,俗谚语多讲究音韵的搭配,按押韵方式可分为同字韵及同音韵,而按韵脚位置则可分为头韵、中韵、尾韵及头尾韵。修辞方面,陈望道(2008)及沈谦(2010)认为俗谚语常用的修辞方式有比喻、对称、对比、拟人、夸张、排比等,一条俗谚语亦可能同时使用两种及以上的修辞方式,如"兵败如山倒"使用了明喻及夸张两种。语法方面,可从语法结构及语法形式两方面来讨论。语法结构是指俗谚语可单独成句及充当句子成分(孙月 2006;曹传锋 2008),单独成句时可位于句群之首、句群之中及句群之尾,起开头、连接及总结之用,在充当句子成分时则可作主语、谓语、宾语、定语、状语及补语。从语法形式来看,俗谚语可分为简单句、复合句、紧缩句及省略句四种(曹聪孙 1981;王鸿雁 2005;刘文欣 2006;徐朝晖 2011)。

俗谚语的言语意义从字面意义及隐含意义来看可分为直叙式及描绘式两种(孙月 2006),直叙式俗谚语可从字面词汇的组合来了解俗谚语的意义,如"职业不分贵贱";而描绘式俗谚语则是字面意义不完全等于或不等于引申意义,如"无事不登三宝殿"。语用方面,俗谚语具有交际、论证、评价、语言经济及文化认同五种功能,而文化方面,俗谚语体现了中华文化和中国人的思维方式,是人民生活经验的总结,具有强烈的中华文化色彩,学习者须对中华文化有一定的了解始可理解俗谚语的意义,因此,学习俗谚语也有助于了解中华文化(张冬贵 2002;王振来 2008)。

2.2 俗谚语在汉语教学中的研究

随着学习者汉语程度的提高,越是体现中国人社会文化因素的语言现象越应成为高级阶段的汉语教学重点(张柏玉 1988;周思源 1997),越高程度的学习越须往修辞方面的语言学习发展(张文一 2006)。其中,富含中华文化意涵的俗谚语亦应成为高级阶段的学习重点之一,以减少跨文化交际时的理解障碍。对于俗谚语在汉语教学中的作用,有学者认为俗谚语教学可以提高语言交际的能力,培养语感,创造性地加以运用,培养概括能力,传递中华文化,等等(张冬贵 2002;宋海燕 2009)。

在俗谚语编选研究方面,高利娟(2018)以数字"一"的俗谚语为例(如"你敬我一尺,我敬你一丈""一不做,二不休"等),从搜集到的 300 条含有数字"一"的俗谚语中,选取难度适中的 74 条进行分析,提出数字俗谚语的教学方法,即合理地选择含"一"的数字俗谚语,注重其结构分析以及文化渗透。合理地选择指的是不挑选过于生僻的俗谚语,结构分析包括语素讲解法及对比分析法,文化渗透指的是教学时必须说明其文化意义;在课堂教学中采用情境教学法,使用多媒体教学并加强练习。冯金花(2013)认为俗谚语在语言中具有画龙点睛的效果,教学者在选用俗谚语时应秉持蕴含积极汉文化、渐进性及针对性三个标准,并从俗谚语的语义、语用及文化三方面展开教学,帮助学习者掌握俗谚语并使之成为跨文化交际能力的一部分。赵清永(2007)和潘先军(2008)针对熟语教学提出层次性的观点,认为应先从最简单且浅显的熟语开始教学。俗谚语是汉语中重要的语言特色,也是汉语教学中的重点之一。

2.3 俗谚语在教材中的编写原则

关于一般汉语教材的编写原则及程序,已有学者提出许多看法(吕必松 1992;叶德明 1999;刘珣 2000;李泉 2006)。吕必松(1992)认为教材编写应有实用性、交际性、知识性、趣味性、科学性及针对性六项原则;叶德明(1999)认为汉语教材应配合教学法、学习者认知基础及教学目标三个方面,这些能为教材内容提供正确的指导原则;刘珣(2000)认为编写教材时应有针对性、实用性、科学性、趣味性及系统性五项原则;李泉(2006)认为教材编写原则包括定向原则、目标原则、特色原则、认知原则、时代原则、语体原则、文化原则、趣味原则、实用原则及立体原则共十项。

对于一般汉语教材的编写原则研究已发展得相当成熟,但对于俗谚语应如何科学性地编进教材中的研究仍较少。教材的质量很可能直接影响教学的效果,要想保证俗谚语教学的课程质量,编写适合的俗谚语教材是必要的。现有的汉语教材虽引入了俗谚语,但其在教材中的分布却缺乏科学性(黄美英 2011),多数俗谚语导入教材时乃依据课文的需要而编入,不一定属于高频使用的俗谚语。

综合上述学者所提出的教材编写原则,本文认为,与俗谚语有关的编写原则应有实用性、针对性、科学性、特色性、交际性及趣味性。实用性方面,教材应编选使用频率高且常用的俗谚语;针对性方面,俗谚语具有一定难度,因此建议用于中级及以上教材,对象为汉语非母语者;科学性方面,教材编写者应将俗谚语进行梳理,由易而难地将俗谚语排序后选用;特色性方面,编选俗谚语时应特别突出俗谚语在语言结构及文化意涵上的特殊性,以区别俗谚语与一般词汇的不同;交际性方面,俗谚语虽较一般词汇难,但仍是汉语母语者在口语及书面语中常用的语言特色,因此教材编写时可提供对话及短文供汉语学习者模仿及应用,使其在学习俗谚语后能应用于口语及书面语中;趣味性方面,则是可以提供俗谚语来源或典故,增加教材及教学的趣味性,激发学习者的学习兴趣,提高学习效果。

至于俗谚语编写的体例,由于针对俗谚语在教材中的编写内容之相关研究不足,因此本文参考赵清永(2007)及王靖晖(2012)对熟语教学的看法,认为俗谚语引入教材中的编写应包括俗谚语的注释、常用句式、语法功能、语用限制、常用语境、练习等内容。

三 研究方法

本文以内容分析作为研究方法,旨在分析现有教材中俗谚语的编写方式及其优缺点,并截长补短提出俗谚语的编写建议。研究对象为中国台湾和大陆所出版的汉语教材,选取具有一定的广泛性及代表性且为成人使用的教材,并以各大学所属之汉语中心出版为主,共选出 67 本,其中由台湾地区的出版社所出版之汉语教材共计 19 套 41 本,出版年份为 1986 年至 2019 年;由大陆的出版社所出版之汉语教材共计 12 套 26 本,出版年份为 1995 年至 2017 年。

依据前文对俗谚语的定义筛选这些汉语教材中所收纳的俗谚语,扣除重复条目共得出 198 条俗谚语,接下来将讨论 198 条俗谚语在句子形式、来源、修辞、言语意义及情感色彩等方面有何异同,并针对这些俗谚语的注释、语义、语用及例句讨论教材中的编写方式。

四 现有教材所选用的俗谚语

本节将 198 条俗谚语按句子形式、来源、修辞、言语意义及情感色彩等方面进行讨论，以了解现有教材在选用俗谚语方面的特点。

4.1 句子形式

以句子的单复句来看，198 条俗谚语中单句共有 107 个，数量最多，如"职业无贵贱""女大不中留"等；复句有 91 个，其中两个句子的复句有 88 个，如"万般皆下品，唯有读书高""高不成，低不就"等，三个句子的复句有两个，为"周瑜打黄盖，一个愿打，一个愿挨"及"天无三日晴，地无三尺平，人无三两银"，四个句子的复句仅有一个，为"善有善报，恶有恶报，不是不报，时候未到"。

4.2 来源

前文提到，朱介凡(1964)及温端政(1985)将俗谚语的来源分为与人民生活相关、与中华文化相关、与宗教相关、古代典籍四种。按此四种来源将 198 条俗谚语进行分类，其中有 156 条与人民生活有关，如"可怜天下父母心""有其父必有其子"等，数量最多，印证俗谚语多出自人民之口。其次是源自古代典籍，共有 23 条，如"老死不相往来"出自《老子》、"拒人于千里之外"出自《孟子·告子下》等。再者是与中华文化有关，共有 11 条，如"说曹操，曹操到""上有天堂，下有苏杭""三个臭皮匠，胜过一个诸葛亮"等。最少的是与宗教有关，共有 8 条，如与佛教有关的"临时抱佛脚""无事不登三宝殿"等，与道教有关的"道高一尺，魔高一丈"等。俗谚语来源分类如表 1 所示。

表 1 俗谚语来源类型

来源类型	数量	例子
与人民生活有关	156	"可怜天下父母心""有其父必有其子"
古代典籍	23	"老死不相往来""拒人于千里之外"
与中华文化有关	11	"说曹操，曹操到""上有天堂，下有苏杭"
与宗教有关	8	"无事不登三宝殿""道高一尺，魔高一丈"

4.3 修辞

俗谚语之所以成为语言的精华，原因之一就在于使用了各种修辞方式，使其欲表达的语义及思想能更鲜明地表现出来。198 条俗谚语中以比喻修辞最多，共有 143 条，如"上梁不正下梁歪""兔子不吃窝边草""宁为玉碎，不为瓦全"等。对称次之，共有 88 条，如"睁一只眼，闭一只眼""老王卖瓜，自卖自夸"等。其他修辞手法还有反问，如"我不入地狱,谁入地狱""早知如此,何必当初"等;顶真,如"说曹操,曹操到""便宜没好货,好货不便宜""大事化小,小事化无";排比,如"天无三日晴,地无三尺平,人无三两银";夸张,如"九牛二虎之力"等;双关,如"牛头不对马嘴"等。多数俗谚语同时使用两种及以上的修辞手法。

4.4 言语意义及情感色彩

徐朝晖(2011)提到多数的俗谚语具有隐喻性,透过两种事物的相似性使俗谚语具有语义双重性,即无法从字面各词汇的组合了解该条俗谚语的语义,其字面意义是用来引出比喻意义的。198条俗谚语中从字面即可了解其意义的仅有55条,如"家和万事兴""活到老,学到老"等,其余143条皆具有比喻意义,如"万事俱备,只欠东风""有眼不识泰山"等。

情感色彩方面,198条俗谚语按其情感色彩可分为褒义、贬义及中性义。褒义如"色香味俱全""为善不欲人知"等,贬义如"江山易改,本性难移""刘姥姥进大观园"等,中性义如"职业不分贵贱""萝卜青菜,各有所爱"等。

五 俗谚语在教材中的编写方式

在所分析的67本教材中,仅有极为少数的课文以主题方式选用类型相关的俗谚语,如《迷你广播剧》第四课"行行出状元",主题与工作相关,因此出现"行行出状元;占着茅坑不拉屎;贫居闹市无人问,富在深山有远亲;人往高处爬;职业无贵贱"等5条俗谚语,其余教材所选用俗谚语则依据内容需要而编选,且复现率极低。以下讨论各教材中对于俗谚语在注释、语义、语用、例句、练习五个部分的编写形式,可看出目前俗谚语在教材中的面貌。

5.1 注释

现有教材编写俗谚语注释的方式分为三种:仅提供英语注释、仅提供汉语注释、无任何注释。多数教材仅提供英语注释,如:

(1)礼多人不怪——No one finds fault in extra courtesy

《新版实用视听华语》(4)

(2)为善不欲人知——Do good deeds without anyone knowing

《新选广播剧》

而《远东生活华语》(3)、《迷你广播剧》、《中级汉语口语》(下册)等教材仅有汉语注释,如:

(3) 贫贱夫妻百事哀——男女结婚以后,如果穷的话,生活就不幸福。

《迷你广播剧》

(4) 老王卖瓜,自卖自夸——指自己夸自己。

《中级汉语口语》(下册)

而《发展汉语·高级汉语口语》(上)、《博雅汉语·高级飞翔篇》(I)等教材的部分俗谚语有汉语注释,其余俗谚语则无注释,如:

(5) 只可意会,不可言传——只能用心去领会而不能用语言来表达。

《发展汉语·高级汉语口语》(上)

(6) 女大不中留——意思是女儿长大以后就应该嫁出去,不适合于留在家里。

《博雅汉语·高级飞翔篇》(I)

5.2 语义

现有教材中俗谚语的语义编写分为两种:仅提供引申意义、提供字面意义及引申意义。多数教材为仅提供引申意义,如:

(7) 三个臭皮匠胜过一个诸葛亮——多一些人想办法,想出来的办法一定比一个人想的好。

《迷你广播剧》

(8) 天下没有白吃的午餐——世界上没有不工作却能够获利的事情。

《远东生活华语》(3)

教材中多用"比喻""表示"等词语代表该条俗谚语具引申意义,如:

(9) 鹬蚌相争,渔翁得利——蚌张开壳晒太阳,鹬去啄它,被蚌壳夹住了嘴,两方面都不肯相让。渔翁来了,把两个都捉住了。比喻双方争持不下,让第三方得了好处。

《博雅汉语·高级飞翔篇》(I)

(10) 肩不能挑,手不能提——表示身体很弱。

《迷你广播剧》

5.3 语用

多数俗谚语具有褒贬义或其特殊的语境使用限制,若学习者不了解俗谚语的语用功能,就很可能出现语用偏误,进而导致交际的失败。在本文所分析的教材中,仅有《迷你广播剧》及《远东生活华语》(3)对3条俗谚语进行了语用说明,如:

(11) 占着茅坑不拉屎——自己不用也不让别人用,特别是说故意地抓住一个机会不给别人。<u>有负面的意思</u>。

《迷你广播剧》

(12) 无三不成理——事情连着发生好几次,是合理的,不值得奇怪。<u>说话的人有一点儿开玩笑的意思</u>。

《迷你广播剧》

(13) 无事不登三宝殿——三宝殿是佛寺(fósì, Buddhist temple)里面的地方,没事不能随便进去那里,所以这句话的意思是"有事才去拜访别人,平常没事很少来往"。<u>好朋友和家人之间不会用</u>。

《远东生活华语》(3)

5.4 例句

多数教材并不会针对该条俗谚语提供例句,少部分教材虽有例句,但也并非每一条俗谚语都有。《远东生活华语》(3)、《新版实用视听华语》(4)、《新版实用视听华语》(5)等教材多只提供部分俗谚语的一个例句,如:

(14) 无事不登三宝殿

A:你这么忙,今天怎么有空来看我?

B:我是无事不登三宝殿,想请你帮个忙。

《远东生活华语》(3)

(15) 百闻不如一见

很多人都说蒙地卡罗的表演很好看,我去看了以后,觉得真是百闻不如一见。

《新版实用视听华语》(4)

(16) 货比三家不吃亏

你现在别买,到别家看看再说,货比三家不吃亏嘛!

《新版实用视听华语》(5)

而在《迷你广播剧》中,俗谚语的例句部分编写在生词解释中,部分则另列在句型用法及代换练习中,并以对话形式呈现,如:

(17) 肩不能挑,手不能提

甲:读书虽然很重要,运动也很重要。

乙:是啊!像我这样只晓得念书,肩不能挑,手不能提的,就糟糕了。

《迷你广播剧》

5.5 练习

67本教材中仅有少数教材设置俗谚语的练习题,数量虽少,但所设计题型可作为编写练习题之参考。俗谚语的练习题型包括填空、完成对话、听力、连连看、词语解释、情景表达等,练习题型举例如下:

1. 填空

年轻人不要拜金,不要____想____,只要努力,_____,做什么工作都可能成功。

(答案为:净、酬劳、行行出状元)

《迷你广播剧》

2. 说出下列各句中画线部分的真正含义

我这还叫迷呀?和我哥哥比,那是<u>小巫见大巫</u>。

《高级汉语口语》(1)

综上所述,现有教材中已有意识地导入俗谚语,部分教材提供俗谚语的语义、语用功能、例句等,帮助学习者更好地了解俗谚语。此外,部分教材在练习题中加入俗谚语,包括搭配、填空、改写句子等,可作为未来编写俗谚语练习之参考。而缺点在于教材中出现的俗谚语数量不多,注释不足,未标示语义及语用,针对俗谚语而设计的练习题不足,等等,此部分仍有改进之处。

六 俗谚语编写建议

俗谚语是汉语母语者口语及书面语中常见的语言现象,学习俗谚语也有助于提高汉语学习者的语言能力及交际能力(赵清永 2007),进一步了解中华文化(吕必松 1983)。根据前文对现有教材中编写俗谚语方式的分析,并参考赵清永(2007)及王靖晖(2012)对熟语教学的观点,本文归纳俗谚语的编写方式应有五项,包括:俗谚语的语义解释应简明扼要,常用的句式及搭配应列举说明,语用功能应标示清楚,例句的设计应足够充分,练习题的安排应能对学习者汉语能力的提高有所帮助。以下就语义解释、句式、语用功能及例句等四个部分进行说明。

6.1 语义解释

温端政(1985)、王勤(1998)、孙月(2006)认为俗谚语的语义可依照其字面意义和隐含意义分为三种:字面意义等于隐含意义,字面意义和隐含意义同时具备,字面意义不等于隐含意义。本文建议,在俗谚语语义解释编写部分,应同时列出字面意义及隐含意义。以"不知天高地厚"为例,建议编写如下:

(1)字面意义:不知道天有多高、地有多深。
(2)隐含意义:觉得自己能力很强,但其实知识不多,对事情的了解也不够。

6.2 句式

虽然多数的俗谚语可以单独存在于篇章中,位于句群之首、句群之中及句群之尾,起提纲挈领、承先启后及总结之用,但有许多俗谚语有其常用句式或固定的搭配词语。若该条俗谚语具有常用句式,则编写时应提供常用句式供学习者理解及应用,以减少学习者在语法层面的偏误。如"一而再,再而三"在句中通常作为状语使用,后加上谓语,常用句式为"主语+一而再,再而三(+地)+谓语"。在教材编写中可列出常用句式后再提供例句说明,例句可自编或改写自真实语料,如:

(1)这些问题一而再,再而三地出现,却还是没解决。
(2)不要和一而再,再而三伤害自己的人谈原谅。(取自 2017 年《每日头条》文章)

6.3 语用功能

现有教材对于俗谚语的语用编写重视度仍显不足。若该条俗谚语具有特殊的语用意涵,在教材编写中亦应特别说明,以避免学习者出现语用方面的偏误。如对"不知天高地厚"可编写以下的语用注释:

语用:常用来形容人,有负面的意思。

6.4 例句

模仿是学习语言的一种方式,要帮助汉语学习者正确无误地使用俗谚语,应先给予例句供学习者模仿及应用。汉语母语者在口语及书面语中皆可能使用俗谚语表达一定的语义,因此在教材中应编写该条俗谚语的例句或对话。例句的编写可选取真实语料或对真实语料进行改写。本文建议,若编写专门性的俗谚语教材,可提供三个例句和两个对话,若为一般性教材中的俗谚语,则至少应包含一个例句或对话。如"一而再,再而三"的例句可编写如下:

(1)老师一而再,再而三地强调考试重点,但是学生还是忘了。
(2)A:对不起,我错了,原谅我吧!
　　B:你已经一而再,再而三地犯错了,这次绝对不原谅你。

以下以"不知天高地厚"为例提出编写建议:

> 不知天高地厚 bù zhī tiān gāo dì hòu
> 1. 意义
>   (1) 字面意义：不知道天有多高、地有多深。
>   (2) 引申意义：觉得自己能力很强，但其实知识不多，对事情的了解也不够。
> 2. 常用句式
>   sb.＋不知天高地厚
>   不知天高地厚＋的＋N
> 3. 语用
>   常用来形容人，有负面的意思。
> 4. 例句
>   (1) 他不知天高地厚，竟然想挑战那位选手。
>   (2) 这种不知天高地厚的人，总有一天会失败的。

七 俗谚语的练习设计

了解俗谚语的句式、语义及语用后，应设计一定数量的练习题以加深并强化学习者使用俗谚语的能力。要让汉语学习者也能如母语者一样使用俗谚语，就需要有丰富的练习。

本文提出练习题的设计应包含听力、阅读、语境应用及写作四部分。听力及阅读属于输入部分，重点在于理解；语境应用及写作属于输出部分，重点在于应用。以下说明之。

7.1 输入理解练习

输入理解分为听力及阅读，本文认为两者的练习题设计可参考台湾华语文能力测验（TOCFL）[①]现有的题型，听力部分设计含俗谚语的对话或段落，对话为2～3人的长对话，段落为独白式，约200字，要求学习者听完对话或段落后回答2～3个问题。阅读部分可设计600字左右的文本的阅读理解，并安排2～3个是非、选择或问答等题型的问题。输入理解练习范例如下：

听力练习
　　男：最近上映的电影，你看过了吗？
　　女：一上映我就去看了，非常好看！
　　男：我还没看过，不过听说评价两极，有的人觉得很值得看，有的人看完觉得浪费时间，觉得那个导演的电影总是换汤不换药。
　　女：与其听别人说，不如你自己去看看，毕竟萝卜青菜，各有所爱。
　　男：结局该不会很老套吧？比如男女主角历经千辛万苦终于在一起，或是坏人终于得到报应之类的。
　　女：如果我告诉你结局，你还想去看吗？
　　男：说的也是，那么我还是自己去看看吧。
1. 这位先生说"有的人看完觉得浪费时间"的原因是什么？
　　(1) 因为电影题材不受观众欢迎。
　　(2) 因为电影内容都差不多。
　　(3) 因为有其他更好看的电影。
2. 这位女士给先生的建议是什么？
　　(1) 不要浪费时间去看这部电影。
　　(2) 应该听别人的意见。
　　(3) 应该自己去看看。

华语文能力测验提供的听力模拟试题②中，对话数量为 2~8 个话轮不等，约 200~500 字，一个对话设计 2~3 个问题。对话型听力练习参考华语文能力测验的听力练习题型，设计 7 个话轮，内容包含"换汤不换药""萝卜青菜，各有所爱"两个俗谚语，问题 1 针对"换汤不换药"设计，问题 2 针对"萝卜青菜，各有所爱"设计，目的在于确认学习者是否理解听力练习中的两句俗谚语。

阅读测验
　　现在年轻人回信，不知道是因为忙，还是习惯，常常只回两三个字，而且意思不明，有的时候甚至牛头不对马嘴，不知所云。举个例子，我要他送东西过来，他回"收到了"，他的意思是送还是不送？我纠正他的错，他回"知道了"，他要改还是不改？每次收到这样的回复，我眼前都会浮现一个画面："他一定只想敷衍我。"不过话说回来，其实年长的人也有这毛病。我第一次去河南的时候，朋友就告诉我："我们河南人爱说'中'，您可要注意，如果说的是重重的一个'中'，那是真 OK。如果连说一串'中中中中中'就不 OK 了。"

> 美国孩子也一样,我以前教美国大学生就深受困扰,你问他对不对,他不答"对"还是"不对",只哼两声,一个重音在前,一个重音在后,意思却恰恰相反,常常让人摸不着头脑,不知道他想说的到底是什么。我曾经在班上发脾气:"你们以后要好好答,老师问你话,你就要答话,不能哼!对不起!老师耳朵不好,听不到!"
>
> 不知道是否受到影响,我现在跟晚辈说话,当他们答"对"或者"不错"的时候,我也会觉得怪怪的。是我爱挑剔吗?我不敢说。但是常想,如果大人和小孩都能把"没错"改成"是"或"是的",不是既简单又礼貌吗?当然也许会有人说,何必那么在乎,对这些回答方式睁一只眼,闭一只眼就好了,但是这么做,真的好吗?我想,掌握说话的小技巧还是需要的,谁知道呢?也许未来的某一天能派上用场呢!
>
> 1. 根据本文,作者认为遇到的最大的问题是什么?
>   (1) 无论年轻人或年长的人在说话方面都有意思不明的问题。
>   (2) 年轻人在说话方面的问题比较多。
>   (3) 作者的耳朵不太好,常常听不到学生说话。
> 2. 根据最后一段,作者主要想表达什么?
>   (1) 他的说话方式已经受到年轻人影响了。
>   (2) 现代人无法掌握说话的技巧。
>   (3) 掌握说话的技巧对未来有帮助。
>
> (改编自刘墉《说话的小技巧》)

本文认为,俗谚语具有一定难度,适合中高级程度的汉语学习者学习,因此可用真实语料进行修改以作为阅读文本。阅读测验范例取自作家刘墉的作品《说话的小技巧》,并在不影响原意的情况下加入俗谚语,包括"牛头不对马嘴""摸不着头脑""睁一只眼,闭一只眼",并设计两个问题。

7.2 输出应用练习

输出应用分为语境应用及写作,语境应用的目的在于训练学习者学习俗谚语之后,能理解并应用该俗谚语于适当的语境中,避免造成语用偏误。如"一去不复返"除可用在人离去后音讯全无外,也可用于事物的消逝,且该事物多具抽象性,包括"青春"或"时间"等。许多俗谚语有其特定的使用语境,因此在练习题中亦应针对此部分设计。语境应用的设计可参考现有各类测验题型进行编写,如是非、选择、配对、造句、成段表达等。

而写作练习可分为摘要写作及观点论述两种,或依教材篇幅择一编写。摘要写作为给出一篇500~600字含有俗谚语的文本,要求学习者完成约200字的摘要。观点论述则可根据课文主题设计一个议题,要求学习者使用俗谚语阐述个人观点,字数要求约为

600字。输出理解练习范例如下:

一、语境应用

1. 选择题:下列哪一个句子可以使用"狗嘴里吐不出象牙"?

(1)他常常说谎骗人,所以没有人愿意相信他。

(2)他总是批评别人,说不出好话。

(3)我们的兴趣不同,所以彼此之间没有什么话可以聊。

2. 请使用"一分钱一分货"完成下面的对话:

A:我看到一家店现在正在打折,原本要一万元的手机只要五千块就能买到了呢!

B:_____。

二、写作

请以"科技对人们的影响"为题目,用下面的俗谚语写一篇600字左右的短文,最少需要使用5个俗谚语。

一发不可收拾/三思而后行/尽在不言中/睁眼说瞎话/临时抱佛脚/唯恐天下不乱/退而求其次/不见棺材不掉泪/一问三不知/欲速则不达/吃力不讨好/不知天高地厚/一言以蔽之/不可同日而语/心有余而力不足

八 结论

本文分析现有教材编写俗谚语的方式后发现,现有教材中多将俗谚语视为一般词语而并列于词汇表中,少部分教材则将俗谚语与成语等熟语另列一表,注释则以英语为主。观察现有教材后发现,教材编写者对俗谚语的语义、语用及例句的编写重视度仍显不足。俗谚语语义编写方面,教材中多仅提供引申意义,但编写时应增加字面意义的解释,以方便学习者从字面意义连结到引申意义。俗谚语语用编写方面,教材中多未强调该条俗谚语的语用功能,如此可能造成学习者在使用上的偏误。俗谚语例句编写方面,仅有极为少数的教材提供该条俗谚语的例句,而缺少例句则难以让学习者模仿后应用。

俗谚语具有丰富的中华文化,处理方式应与一般词汇有所不同。本文建议,对于俗谚语或成语等熟语应于一般词汇表后另列一栏,并以"熟语"标示。再者,应针对该条俗谚语的语义、常用句式或搭配词语、语用及例句进行编写,供学习者理解及模仿用,并提供一定数量且具多样性的练习题,以全面提高汉语学习者理解及应用俗谚语的能力。

注 释

① 华语文能力测验全名为 Test of Chinese as a Foreign Language ,缩写为 TOCFL。
② 华语文能力测验模拟试题见 https://tocfl.edu.tw/index.php/exam/test/page/1。(访问日期:2020 年 6 月 3 日)

参考文献

曹传锋(2008)浅谈英汉谚语的语义特点及语法功能,《齐齐哈尔师范高等专科学校学报》第 3 期。
曹聪孙(1981)现代汉语俗语初探,《天津师院学报》第 6 期。
陈建民(1989)《语言文化社会新探》,上海教育出版社。
陈望道(2008)《修辞学发凡》,复旦大学出版社。
崔希亮(1997)《汉语熟语与中国人文世界》,北京语言文化大学出版社。
冯金花(2013)谚语教学中的民俗文化内涵研究及其与对外汉语教学,《安徽文学(下半月)》第 9 期。
高利娟(2018)对外汉语数字谚语教学研究——以"一"为例,《广州广播电视大学学报》第 1 期。
黄美英(2011)《对外汉语高级阶段谚语及教学研究》,重庆师范大学硕士学位论文。
金舒年、陈 莉(2013)《博雅汉语·高级飞翔篇》(I)(第二版),北京大学出版社。
李 泉主编(2006)《对外汉语教材研究》,商务印书馆。
廖汉臣(1995)台湾谚语的形式与内容,《台湾文献》第 6 卷第 3 期。
刘德联、刘晓雨(1997)《中级汉语口语》(下册),北京大学出版社。
刘文欣(2006)谚语的语义特征及其语法功能,《黑龙江教育学院学报》第 3 期。
刘 珣(2000)《对外汉语教育学引论》,北京语言文化大学出版社。
刘元满、任雪梅、金舒年(2014)《高级汉语口语》(1)(第三版),北京大学出版社。
吕必松(1983)谈谈对外汉语教学的性质和特点,《语言教学与研究》第 2 期。
吕必松(1992)《华语教学讲习》,北京语言学院出版社。
潘先军(2008)《对外汉语分类教学实践》,北京语言大学出版社。
沈 谦(2010)《修辞学》,台湾五南图书出版公司。
宋海燕(2009)论汉语俗语的对外教学,《语文学刊(外语教育与教学)》第 12 期。
孙 月(2006)《俗语在熟语中的定位及其特征》,河北大学硕士学位论文。
台湾大学国际华语研习所(2000)《新选广播剧》,台湾大学国际华语研习所。
台湾师范大学国语教学中心(2012)《迷你广播剧》,台湾正中书局。
台湾师范大学主编(2008)《新版实用视听华语》(1—5),台湾正中书局。
王鸿雁(2005)汉语谚语的句法形式特点分析,《广西社会科学》第 8 期。
王靖晖(2012)《对外汉语教材中的熟语研究》,吉林大学硕士学位论文。
王 勤(1998)俗语的构成和意义(俗语论之二),《湘潭大学学报(哲学社会科学版)》第 1 期。

王淑红(2005)《发展汉语·高级汉语口语》(上),北京语言大学出版社。
王振来(2008)熟语的文化附加义,《文化学刊》第2期。
魏　爽(2009)《汉语俗语修辞探究》,曲阜师范大学硕士学位论文。
温端政(1985)《谚语》,商务印书馆。
温端政(2005a)俗语的性质、范围和分类,《俗语研究与探索》(温端政主编),8－14页,上海辞书出版社。
温端政(2005b)谚语的性质、范围和分类,《俗语研究与探索》(温端政主编),15－22页,上海辞书出版社。
熊　欣(2005)英、汉谚语韵律构建对比,《华东交通大学学报》第6期。
徐朝晖(2011)谚语的语法形式、语义关系和认知理解,《语言与翻译》第4期。
叶德明(1999)《华语文教学规范与理论基础》,台湾师大书苑。
叶德明主编(2013)《远东生活华语》(3)(修订版),台湾远东图书公司。
曾永义(1997)民间文学、俗文学、通俗文学命义之商榷,《国文天地》第4期。
张柏玉(1988)谈成语的语义转化类型,《逻辑与语言学习》第2期。
张冬贵(2002)谚语在外语教学中的作用,《桂林师范高等专科学校学报(综合版)》第2期。
张文一(2006)《中高级程度留学生汉语四字格成语习得与教学》,暨南大学硕士学位论文。
赵金铭主编(2004)《对外汉语教学概论》,商务印书馆。
赵清永(2007)谈谈对外汉语教学中的熟语教学,《语言文字应用》增刊。
周思源主编(1997)《对外汉语教学与文化》,北京语言文化大学出版社。
朱介凡(1964)《中国谚语论》,台湾新兴书局。

作者简介

陈雅芳,台湾铭传大学华语文教学学系助理教授,研究方向为汉语教材教法、汉语课程设计、第二语言习得、正音教学、师资培训。Email:okcaha12200917@gmail.com。

信世昌,台湾清华大学跨院国际硕博士班学位学程教授,研究方向为计算机辅助语言教学、远距汉语教学、语言课程设计、语言政策、国际汉语发展、海外华裔中文教育。Email：hsin@mx.nthu.edu.tw。

多模态视角下的汉语课堂互动研究

王 帅[1] 王志荣[2]

1 南开大学汉语言文化学院 2 苏州市高新区实验小学

提 要 本研究从多模态的视角探究汉语课堂的互动问题。研究选取韩国汉语学习者作为研究对象,通过观察分析被试在汉语课堂上的小组互动情况,归纳出互动参与者在课堂互动中所使用的模态资源,并对典型互动行为中模态的运用特征进行了分析归纳。研究发现,课堂互动中出现的模态包括语言模态、眼神模态、手势模态、身体姿势模态、头部运动模态以及表情模态等 6 大类。文章还归纳了课堂互动中互动行为、行为主体及模态运用特征的对应关系。

关键词 多模态 课堂互动 模态运用特征

一 引言

自 20 世纪 80 年代开始,课堂互动研究开始引起语言教学界的重视,Long(1996)指出,课堂互动可以引导学习者注意彼此之间的差距,有助于语言学习。Ohta(2001)证明课堂互动有助于提高二语学习者语言产出的质量及数量。徐锦芬、叶晟杉(2014)也证明课堂上的生生互动可以为学习者提供可理解性输入,从而促进学习者的二语习得。因此课堂互动研究对二语教学有着重要的意义。

Norris(2004)认为"所有的互动都是多模态的"。从多模态的视角来看,二语课堂互动也是一个多模态的过程,可称之为多模态互动(multimodal interaction)。Li(2014)指出,"互动交际中参与者在表达意义和完成动作时是多模态资源协同工作的,而语言只是多模态中的一种。在互动中,语言、声音和视觉等模态协同配合表达会话意义,但有时身体和视觉行为(如手势、眼神和姿势等)可能比语言更加重要"。因此,课堂互动研究不仅要关注与语言相关的部分(句法、词汇、韵律等),还要关注参与者的互动行为、交际意图是如何通过其他模态资源实现的。本研究从多模态的视角出发,通过分析汉语课堂小组互动行为,研究互动参与者在互动过程中的模态使用情况及特征。

二　前人研究

对于二语课堂互动的研究，前人首先关注了互动模式的问题。研究结果显示，基于"平等性"和"相互性"，互动模式基本可分为团队型、主导/主导型、主导/被动型和专家/新手型等 4 种类型（Donato 1988；Damon&Phelps 1989；Storch 2002；徐锦芬、寇金南 2017；等等）。互动参与者也可以被划分为若干典型的角色，如"专家""新手"等。前人还关注了互动的影响因素，研究发现任务类型、任务难度、被试语言水平差异等因素会影响互动效果。（Watanabe&Swain 2007；Kim&McDonough 2008；徐锦芬、寇金南 2018；等等）在研究方法上，这些研究主要通过课堂观察收集数据，而后通过会话分析（conversational analysis）的方法进行分析。从模态视角看，这些研究基本属于"单模态"的研究。

一些研究也从多模态的视角研究了学习者课堂互动行为，如 Markee（2008）提出运用学习行为追踪（learning behavior tracking）的方法对学生的学习行为进行分析，对教师讲解单词"prerequisites"时的身体姿势变化和眼神进行了详细的描述，不同的模态变化预示着课堂的进展情况。Kunitz & Marian（2017）同样采用学习行为追踪的方法，研究了任务型语言课堂中学习者的学习行为，三人组成的小组在完成英文单词"disgusting"的拼写任务时，小组成员在语言、身体、眼神等模态共同协作之下完成了课堂任务。这些研究有助于归纳学习者在特定活动中的模态运用特征。

多模态领域的研究对互动行为中的多模态运用有更深入的探索。Norris（2004）指出，多模态互动分析需要关注的问题是交际主体及参与者如何通过多种模态资源运用来表达感情、思想、看法等信息。Norris（2004）还提出了模态密度（modal density）、模态强度（modal intensity）、模态复杂度（modal complexity）等一系列概念来分析互动中的模态运用规律。模态强度指的是在构建高层活动过程中某一种或几种模态的权重及重要性；模态复杂度指的是互动过程中模态使用的多样性和复合性。而模态强度越高，或模态复杂度越高，模态密度也越高。张德禄、王正（2016）基于 Norris 所提出的概念提出了多模态互动分析综合框架，并对一堂英语课的教学活动进行了实例分析。这些研究成果对多模态的二语课堂互动研究提供了重要启示，我们可以通过借鉴前人的分析框架对二语课堂的小组互动进行分析。

总的来看，二语课堂互动的多模态研究取得了一定的成果，但研究还不够深入，如在二语课堂的小组互动中通常出现哪些模态运用？有何使用特征？这些问题都值得深入探究。

三 研究设计

3.1 研究问题

本研究通过分析韩国汉语学习者在汉语课堂上的小组互动，归纳学生们在课堂互动中所使用的模态资源，然后归纳典型的互动行为中模态的运用特征。本文的研究问题可以归纳为：

(1)课堂小组互动中使用的模态资源有哪些？

(2)课堂小组互动中典型互动行为呈现出怎样的模态使用状况？

3.2 数据收集及处理

研究者选取韩国某大学中文系本科二年级的 40 名学生为研究对象，这些学生分为两个平行班，教师、教材、进度都相同。学生的汉语水多数达到新 HSK 三级，部分达到新 HSK 四级。学生按照"自由结组、一般每组 3 人"的原则进行分组，并以小组的形式共同完成任务。征得学生同意之后，我们对每个小组完成的过程进行了视频录制。为了保证录制效果，一台录制设备只针对一组学生，以保证视频清晰。录制设备距离学生一米之外，尽可能降低对学生的影响。

本研究共设置了 5 次课堂小组任务，分别为：(1)谈论自己的周末安排；(2)介绍自己的家庭；(3)讨论去哪儿买水果比较好；(4)和朋友要去济州岛旅行，制订旅行计划；(5)要去 KTV 唱歌，对比两家 KTV 的优缺点并作出决定。在任务开始之前，教师先向全体学生讲解任务目标和要求。数据收集从 2019 年 9 月持续至 2019 年 12 月，共进行了 5 次录制，最后共获得有效视频 61 个，总时长约为 350 分钟。

为了细致客观地分析小组成员在互动中模态的使用情况，我们借助专业的视频标注软件 ELAN5.8 进行语料转写和标注。[①] 最终我们将视频数据转化成为文字材料，并对视频中出现的模态进行了编码和标注。

四 汉语课堂互动中的模态资源运用

Norris(2004)将互动中出现的模态资源分为语言模态、空间距离、手势、眼神、身体姿势、头部运动等 9 大类。我们借鉴 Norris 的分类，并基于所收集的视频材料，将小组互动中出现的模态分为 6 大类：语言模态、眼神模态、手势模态、身体姿势模态、头部运动模态以及表情模态。下文对这些模态分别予以说明。

4.1 语言模态

Chafe(1994)指出，说话人的口语是由语调单元组成的，每一个语调单元以及说话者可能发出的所有其他声音都具有交互意义。因此，本研究中的语言模态除了可见的文本语言之外,还包括互动参与者在说话时的语调变化(如语调的升高和降低),以及声音的停顿、中断和延长。在互动中,这些语言模态表达了特定的功能。如语调升高通常表达疑问,语调降低表达不确定;声音的停顿和中断则意味着说话人遇到了困难,延长则通常是在寻求确认。在本研究中,出现的语言模态主要包括语调、停顿、中断、延长等。

4.2 眼神模态

眼神模态指的是小组成员在互动过程中通过眼神变化所形成的信息传递方式。Rossano(2012)指出,研究互动中的眼神注视有助于我们更好地理解参与者在互动中所发挥的作用,同时他使用箭头等示例符号总结出了 58 种注视方向的眼神模态。通过视频分析,我们也发现小组成员在互动过程中使用了大量的眼神交流。借鉴前人的划分,我们将小组互动中的眼神模态划分成单方短时注视、单方长时注视、相互短时注视、相互长时注视、回视、聚焦等 6 小类。其中短时注视的时长为 1 秒以内;长时注视指长于 1 秒的注视;单方注视指的是一名成员单方面注视别的成员,通常用于表达关切和帮助(如图 1);相互注视则指成员之间彼此共同注视,通常用于协商和交换意见(如图 2);回视是指小组成员在感受到其他成员的注视时,也以眼神注视予以回应,通常用于回应他人关切和协商(如图 3);聚焦指的是几个小组成员共同注视小组中的某一成员,通常用于对某个问题的共同协商(如图 4)。

图 1　单方注视

图 2　相互注视

图 3　回视

图 4　聚焦

4.3 手势模态

手势模态指的是小组成员在互动过程中手臂动作所形成的信息传递方式。Kelly et al.(2002)指出,语言和手势的结合往往比单纯的语言或手势更能洞察互动者的知识和理解力。McNeill(1992)提出了4种手势分类:指示性手势(deictic gesture)、标识性手势(iconic gesture)、隐喻性手势(metaphoric gesture)以及拍打性手势(beat gesture)。借鉴前人划分,我们将本研究中出现的手势模态分为指示性手势、标识性手势、拍打性手势以及鼓掌等4小类。指示性手势指的是小组成员用手指向某个事物,通常用于指示事物方位或确定任务对象(如图5);标识性手势指的是小组成员使用手部动作描述想要表达的语言含义,如说话人在表达"商场衣服很多"的"多"时遇到了障碍,就使用了一个标识性手势(如图6);拍打性手势指的是小组成员用手拍打其他成员,通常用于提示提醒(如图7);鼓掌通常用于表达鼓励或赞赏(如图8)。

图5 指示性手势

图6 标识性手势

图7 拍打性手势

图8 鼓掌

4.4 身体姿势模态

身体姿势模态指的是小组成员在互动过程中通过身体位置的变化所形成的信息传递方式。Harrigan(2005)提出身体姿势的通用描述符号包括躯干倾斜(直立、向前、向后),躯干方向(朝向、转身),手臂和腿的位置,等等。通过对互动视频的观察,我们将身体姿势模态具体分为身体倾侧和抱臂两大类,其中身体倾侧分为趋近和趋远两类。趋近是指小组成员在互动中彼此靠近,通常意味着互动成员关系很亲密以及对互动任务的投入(如图9);趋远是指小组成员在互动中彼此远离,通常意味着该成员对团队的疏远和对互动任务的排斥(如图10);抱臂指的是小组成员在互动中呈现双手或单手抱臂的姿势,通常意味着该成员不愿意融入团队互动中(如图11)。

图 9　趋近

图 10　趋远

图 11　抱臂

4.5　头部运动模态

头部运动模态指的是小组成员在互动过程中通过不同的头部动作所形成的信息传递方式。McClave(2000)指出,我们在说话时头部动作不是随机的,它们既是语言表达的一个组成部分,又有调节互动的功能。通过对互动视频的观察,我们发现小组成员在互动过程中主要有两种头部运动:点头和歪头。小组成员时常通过点头来表达回应或确认(如图12),通常将头歪向一侧进行思考(如图13)。

图 12　点头

图 13　歪头

4.6　表情模态

表情模态指的是小组成员在互动过程中通过不同的面部表情变化所形成的信息传递方式。Ekman & Friesen(1978)将面部表情分为 6 大类,即喜悦、悲伤、生气、害怕、惊讶以及厌恶,不同的面部表情代表着不同的情绪,传达了不同的情感。通过观察视频,我们发现小组成员在互动过程中较为显著的表情模态有两种:呆滞和微笑。呆滞指的是小组成员在互动过程中双眼无神,面无表情,显示出小组成员面对互动时不关心、不积极的一种状态(如图 14);微笑指的是小组成员在互动过程中呈现微笑表情,通常意味着该成员对互动过程的满意(如图 15)。这些表情模态经常出现在小组互动的反馈行为以及互动参与过程中,显示小组成员对当前互动任务的态度。

图 14　呆滞

图 15　微笑

最后,我们将模态分类及其编码归纳于表 1 中,编码将用于下文的视频分析中。

表 1 模态分类及其编码

模态			编码
语言模态[L-] Language	语调	升高	[LIU] Intonation up
		降低	[LID] Intonation down
	停顿		[LP] Pause
	中断		[LS] Suspend
	延长		[LE] Extension
眼神模态[G-] Gaze	单方注视	短时	[GUS] Unilateral short gaze
		长时	[GUL] Unilateral long gaze
	相互注视	短时	[GMS] Mutual short gaze
		长时	[GML] Mutual long gaze
	回视		[GLB] Look back
	聚焦		[GF] Focus
手势模态[G-] Gesture	指示性手势		[GD] Deictic gesture
	标识性手势		[GI] Iconic gesture
	拍打性手势		[GB] Beat gesture
	鼓掌		[GA] Applause
身体姿势模态[B-] Body posture	身体倾侧	趋近	[BC] Close
		趋远	[BD] Distant
	抱臂		[BHA] Hold arms
头部运动模态[H-] Head movement	点头		[HN] Nods
	歪头		[HT] Head tilted
表情模态[F-] Facial emotion	呆滞		[FD] Dull
	微笑		[FS] Smile

五 不同互动行为中的模态运用特征

行为是多模态互动的基本单位。根据对所收集视频的分析,我们将汉语课堂小组互动中出现的典型行为归纳为 6 种,包括任务分配行为、发起协商行为、提示提醒行为、求助行为、帮助行为和反馈行为。互动参与者在实施这些行为时,其模态使用会体现出不同的规律性特征。如前所述,Norris(2004)提出了模态密度、模态强度、模态复杂度等一系列的概念来分析互动中的模态运用规律。这里我们也借鉴 Norris 提出的概念,针对 6 种互动行为,我们首先在所收集的材料中分别选择 15 组典型的互动行为进行模态使用情况统计,而后我们对本研究中出现的 6 种互动行为中的模态运用特征进行了分析归纳,详见表2。

表 2　6 种互动行为中不同模态的使用频次

互动行为	模态频次					
	语言模态	眼神模态	手势模态	身体姿势模态	头部运动模态	表情模态
任务分配行为	—	19	30	3	—	—
发起协商行为	25	33	10	9	6	—
提示提醒行为	—	49	33	10	—	—
求助行为	68	25	6	19	—	—
帮助行为	—	43	14	27	—	—
反馈行为	—	13	—	15	40	19

5.1　任务分配行为中的模态运用特征

任务分配行为是指在任务准备阶段将互动中的任务职责分配给不同成员的行为。统计结果显示,任务分配行为中主要出现了眼神、手势和身体姿势等 3 种模态,其中眼神模态和手势模态为高强度模态,这两种模态在任务分配中发挥了主要作用。从模态复杂度来看,小组互动过程中任务分配者大量使用了拍打性手势、指示性手势(如掌心向上指向听话人、在成员之间来回指点)等手势模态以及单方短时注视的眼神模态协同完成任务的分配。除了手势和眼神模态,任务分配行为中的其他模态使用并不多,如身体姿势模态只有 3 次。因此,任务分配行为是一种模态复杂度较低的行为。

从互动行为的主体来看,任务分配行为的主体是专家,专家是指在小组互动中积极推动互动任务完成的成员。如下面的对话:

01A:＊GUS 너부터＊♯GB 먼저 말해♯,♯＊GD GMS 그 다음에 너는?＊말해♯,♯GD 그리고 买水果♯ 【从你开始说,然后你问你呢?然后,你说买水果】

02B:오빠가 먼저 시작하면 안 돼 【哥哥 你先开始不行吗】

图 16　拍打性手势

图 17　指示性手势

以上对话是一个典型的任务分配行为。该小组为专家/新手型互动小组，其中A(中间)为专家角色，B(右)和C(左)为新手角色。01 行中，A 为了引起 C 的注意，采用了单方短时注视的眼神模态，紧接着又使用拍打性的手势模态向其分配任务(如图16)。分配完 C 的任务之后，A 的目光也转移到 B 身上同时发出一个指示性的手势，开始分配任务，并使用了一个相互短时注视的眼神模态。在"그리고 买水果"这个转折处，成员 A 使用一个左手手掌向上的指示性手势向 C 继续分配任务，该手势模态一直持续到任务分配结束(如图17)。

总结来看，任务分配行为是一个模态复杂度较低的行为，其行为主体通常为专家。在任务分配行为中专家的高强度手势模态和眼神模态均起到了关键作用，这两种模态占据主导地位，贯穿整个任务分配行为中。

5.2 发起协商行为中的模态运用特征

发起协商行为是指小组互动过程中成员之间针对互动中遇到的问题或困难发起沟通的行为。统计结果显示，发起协商行为中主要出现了语言、眼神、手势、身体姿势和头部运动等5种模态，其中语言模态和眼神模态为高强度模态，而手势模态、身体姿势模态以及头部运动模态则作为低强度模态出现。从模态复杂度来看，发起协商行为中小组成员除了使用常见的相互长时注视、单方长时注视以及指示性手势模态之外，还会有身体前倾(趋近成员)、头部运动等其他模态。这些不同的模态不是独立运用的，参与者通常是将这些模态协同起来表达自己的意愿。比如语言模态主要用来表示自己需要协商的内容，手势模态、身体姿势模态等表示发起协商或者推动协商的发展。因此，发起协商行为是一种模态复杂度较高的行为。

从互动行为的主体来看，发起协商行为中没有特定的主体，互动中的任何角色均可发起任务协商。如下面的对话：

01A:你爸爸＊[B:GUL--->]忙不-
02B:[＊A&C:GUL]＃GD 나랑 할래 【和我说吧】
03　　＊GML---》
04B:이렇게＃BC,GD 하라고 하는 거지＃　【让我这样说吧】
05A:＃GD＃
06C:응(HN)하라고 빨리　【嗯 快说吧】

图 18　发起协商 1　　　　　　　　图 19　发起协商 2

以上对话是一个典型的发起协商行为。该小组属于团队型互动,成员 B(右)使用单方长时注视的眼神模态一直积极关注整个互动过程并想要多参与一些小组互动,因此在 02 行使用了长时眼神注视、指示性手势等模态(如图 18)向小组成员发起任务协商,表达自己要参与当前互动的意愿。03 行小组成员之间使用了一个相互长时注视的眼神模态协商接下来的互动,04 行成员 B 又使用了一个趋近成员的身体前倾模态和指示性手势模态(如图 19)强化自己的意愿,进一步和小组成员进行协商。通过多种模态的协同使用,06 行可以看出小组成员最终协商一致。

总结来看,发起协商行为是一个模态复杂度较高的行为,无特定行为主体。小组成员在高强度语言模态和眼神模态,以及低强度手势模态、身体姿势模态和头部运动模态的协同合作下向其他成员发起协商,最终达到自己的互动表达意图。

5.3　提示提醒行为中的模态运用特征

提示提醒行为是指小组互动过程中为了推动互动进程成员之间相互提示或提醒的行为,通常表现为引起听话人注意、指定下一个说话人、提醒同伴回归任务、提示当前发言结束等形式。统计结果显示,提示提醒行为中主要出现了眼神、手势和身体姿势等 3 种模态,其中眼神模态和手势模态为高强度模态,身体姿势模态则是低强度模态。从模态复杂度来看,提示提醒行为中小组成员通常会使用注视、聚焦的眼神模态,指示性手势,趋近成员的身体姿势等模态来指定下一个发言人、提醒小组成员回归任务或提示大家自己的发言结束。这些模态一般是单独使用并且持续时间不长,因此提示提醒行为是一种复杂度较低的行为。

从互动行为的主体来看,提示提醒行为中没有特定的主体,小组成员在互动中都有可能提示提醒其他小组成员。如下面的两组对话:

提示提醒行为 1
01A:讨论一下想去哪一家。
02B:＊GUS 我想去新月＊KTV,你＊GUL—＞#GD#想去哪?
03C:我想去明月 KTV(＊GLB＊)。

图 20　单方注视　　　　　　　　图 21　指示性手势

图 22　回视

在以上互动中,该小组属于团队型互动,01 行成员 A(左)先发起对话询问大家想去哪家 KTV,提问结束后 A 使用了一个单方注视成员的模态(如图 20)指定下一个说话人是 B(中间)。02 行成员 B 发问"你想去哪"时,A 的目光转移注视成员 C 同时使用指示性手势(如图 21)提示提醒接下来的发言人是 C(右)。03 行成员 C 在发言结束后,用一个短时回视的眼神模态(如图 22)提示对方。该互动过程中眼神模态和手势模态一般发生在语言模态之后指定下一个说话人,或者表示自己当前发言结束。

提示提醒行为 2

01A:GD＊GUL--->카페 뭐 있는 거 아니야? 친한 사람끼리 하는거　【那边有什么来着?和关系好的一起做的】

03(1.5S)

04B:몰라　【不知道】

05(2S)

06A:빨리♯BC--->짜야 되는 것 같은데 빨리 해야죠＊GUL--->우리 첫째날 저 물어보면 되는 거　【我们得快点儿计划,我们第一天问那个就行吧】

07C:아마 나 찾고 있어 잠깐만　【好像是 等会儿我在找】

08B:너와 친구 맞아　【对吗】

图 23　趋近　　　　　　　图 24　单方注视、趋近

在以上小组互动过程中,有的小组成员脱离了当前的任务互动活动,其他成员运用一系列模态提示提醒其回归当前的互动。01 行成员 A(右)发出互动邀请,整个小组互动陷入消极状态,03 行成员 B(中间)开始低头玩儿手机,05 行整个小组互动进入了 2S 的沉默当中。06 行成员 A 目光注视地图,同时使用了一个身体趋近成员的模态(如图 23)提醒 B 回到小组互动当中。随即 A 又使用单方长时注视的眼神模态及身体趋近的模态(如图 24)提醒成员 C(右)也参与到互动当中。07、08 行小组成员回归到当前互动,成员 A 身体姿势模态才回到原来的位置。

总结来看,提示提醒行为是一个模态复杂度较低的行为,无特定行为主体。在互动过程中,小组成员使用高强度的眼神模态或者手势模态提示提醒其他成员当前的互动情况。但提示提醒行为中的眼神模态、手势模态不同于任务分配行为中的模态特征,这里的眼神、手势模态一般是发生在语言模态之后,并且手势模态的持续时间比较短。

5.4　求助行为中的模态运用特征

求助行为指小组成员在互动中遇到问题而向其他成员寻求帮助的行为,如寻求帮助、寻求确认、寻求解释等。统计结果显示,求助行为中主要出现了语言、眼神、手势和身体姿势等 4 种模态,其中语言模态、眼神模态和身体姿势模态为高强度模态,而手势模态则是低强度模态。从模态复杂度来看,求助行为中小组成员会使用声音延长及停顿等语言模态表示自己需要求助的内容,当遇到词汇表达障碍问题时,参与者除了使用语言模态外还会使用指示性手势模态。求助行为的发起小组成员一般使用长时注视的眼神模态或者趋近成员的身体姿势模态,而且这些模态一般保持到小组成员提供帮助完成之后才会结束。不同的模态在求助行为中联合起来构成一个整体意义,缺一不可。因此求助行为是一种模态复杂度比较高的行为。

从互动行为的主体来看,求助行为的主体通常是新手,新手的语言水平一般比较低,需要在其他成员的帮助下完成互动。根据在互动中的表现,新手也可分为主动型新手和被动型新手两类。主动型新手在小组互动过程中表现更加积极,而被动型新手则往往依赖其他小组成员的帮助和协调。如下面两组对话:

求助行为 1
01A:都有谁?
02B:*GUL 총 몇 명이냐고?(一共几人?)--->
03A:(HN)
04B:爸爸、妈妈、哥哥、妹-*GUS[A:姐姐]* 姐姐、*GUL[A:和我]我。
05A:(HN)

图 25 注视

该小组属于专家/新手型互动,主动型新手 B(右)在互动中寻求帮助时,她在 04 行先使用声音停顿的语言模态表示自己遇到的问题,随即分别使用一个短时注视和一个长时注视的眼神模态(如图 25)向其他成员发起求助。整个互动过程中 B 的模态表现都非常主动,与成员 A(中间)进行积极的互动。

求助行为 2
01C:哦:::你喜欢去(---)♯BC♯
02A:去超市
03C:你喜欢去超市(-)买水果,[A:HN]还是喜欢去:::[A:市场]市场(---)
04A:买水果
05C:(1.5S)买水果

图 26 趋近

该小组也属于专家/新手型互动,被动型新手成员 C(右)在互动中需要帮助时使用了一个趋近成员的身体姿势模态(如图 26),表示要参与到当前互动中。在 01 行、03 行,C 使用了两种语言模态(声音延长和停顿),显示出他在语言输出过程中遇到了障碍,但他并没有发出一个明确的求助信号,成员 A(中间)根据 C 的语言模态变化主动向其提供帮助。

总结来看,求助行为是一个模态复杂度较高的行为,其行为主体通常为新手。在求助行为中,小组成员会通过高强度的语言模态、低强度的手势模态表示自己的问题,接下来再使用高强度的眼神模态或者身体姿势模态发起求助。

5.5 帮助行为中的模态运用特征

帮助行为指小组成员向其他有困难的成员提供帮助的行为,如提供帮助、提供解释、确认反馈、建议指导等。统计结果显示,帮助行为中主要出现了眼神、手势和身体姿势等 3 种模态,其中眼神模态和身体姿势模态为高强度模态,而手势模态则是低强度模态。从模态复杂度来看,帮助行为中除了回视眼神模态之外,还有短时或长时注视的眼神模态,趋近成员的身体姿势模态,同时辅以手势模态。这些模态不同于求助行为中协同使用的模态,它们一般比较单一,这些模态通常单独使用就可以完成帮助行为,因此,帮助行为是一种模态复杂度较低的行为。

从互动行为的主体来看,帮助行为的主体是专家,如下面的例子:

01A:为＊GUL 什么 ---》
02C:哦(---)哦(---)漂亮(A:HN),很大,很多,很多(A:HN)多
03A:很近
04C:很近(HN)
05A:너＃GD＃이제 ＃GD 말해야 되 이거＃　【你说吧】
06　　＃BC---》
07C:你喜欢去:商场(一)(HN)买衣服(一)(HN)还是喜欢去:::
　　(A:小店)小店(1S)
08A:买衣服
09C:买衣服

图 27　注视

图 28　趋近、手势

该小组属于专家/新手型互动,成员 A(中间)是专家角色,在 01—04 行,A 与成员 C(右)的互动过程中,成员 A 使用长时注视的眼神模态关注 C 的语言输出过程(如图 27),当成员 C 出现输出困难时,A 在 04 行及时为其提供了帮助。在 06 行,A 使用趋近的身体姿势和手势模态帮助 C 理解了问题(如图 28),当其出现声音延迟或沉默时主动提供了帮助。

总结来看,帮助行为是一种模态复杂度较低的行为,其行为主体通常为专家。在帮助行为中,专家角色通常会使用高强度的眼神模态、身体姿势模态以及低强度的手势模态向其他成员提供帮助,从而使小组互动顺利进行。

5.6 反馈行为中的模态运用特征

反馈行为主要指在互动过程中小组成员对其他成员的回应。反馈行为中主要出现了眼神、身体姿势、头部运动和表情等 4 种模态,其中头部运动为高强度模态,眼神、身体姿势和表情则是低强度模态。从模态复杂度来看,反馈行为是对小组互动过程中一系列其他行为的回应,参与者通常使用不同的头部运动模态对其他成员进行反馈,如用点头来表示肯定。除此之外,反馈行为中也常常出现眼神、身体姿势和表情等模态。这些模态一般是单独使用,因此,反馈行为是一种模态复杂度较低的行为。

从互动行为的主体来看,反馈行为没有特定的主体,互动中的任何角色均可进行反馈。其中"边缘人"的模态使用最为特殊。边缘人指的是很少或基本不参与互动的小组成员。在互动过程中,边缘人往往呈现一种游离的状态,他们使用抱臂或者趋远的身体姿势模态将自己隔离在小组互动之外,同时呈现出呆滞等表情模态。如下面的对话:

01A:你什么时候不上课?
02(2.5S)[C:＄FD--->]
03A:我(-)＃GD＊GUL--->你什么时候不(1.5S)上课＃
04C:＊GFM＃BD--->
05B:예시들＃BC 보면서 문장을 만들라는 것 같은데, 우리 같이 토론＃　【让我们看问题造句一起讨论】
06C:(9S)＃BHA＃

图 29　呆滞

图 30　趋远

图 31　抱臂

以上片段是边缘人 C(左)在小组成员向其发起互动时的表现。01 行成员 A(右)发起互动,C 处于呆滞的状态以至于没有给予反馈(如图 29);03 行成员 A 再次向 C 发起互动,04 行 C 则运用了趋远的身体姿势模态给予反馈(如图 30)。06 行 C 以抱臂的身体姿势模态对成员 B(中间)的帮助行为给予反馈(如图 31)。我们可以看出在整个互动过程中,边缘人 C 的模态使用表现出他对互动的不积极态度。

总结来看,反馈行为是一种模态复杂度较低的行为,无特定行为主体。在反馈行为中虽然有头部运动、表情、身体姿势等不同的模态资源出现,但它们往往单独使用给予其他成员反馈。

综合以上内容,我们可以看出汉语课堂小组互动是一个多模态资源协同运用的过程。在不同的互动行为中,它们的模态强度、模态复杂度呈现不同的规律,这也就造成不同的互动行为有自己的模态运用特征。具体到模态资源种类来看,同一种模态资源在不同行为中的模态强度也各有不同。因此,我们将汉语课堂小组互动中的互动行为、行为主体和模态运用特征的对应关系列表如下。

表 3　互动行为、行为主体及模态运用特征的对应关系

互动行为	行为主体	模态运用特征		
		高强度模态	低强度模态	模态复杂度
任务分配行为	专家	眼神、手势	身体姿势	低
发起协商行为	无特定主体	语言、眼神	手势、身体姿势、头部运动	高
提示提醒行为	无特定主体	眼神、手势	身体姿势	低
求助行为	新手	语言、眼神、身体姿势	手势	高
帮助行为	专家	眼神、身体姿势	手势	低
反馈行为	无特定主体	头部运动	眼神、身体姿势、表情	低

六　总结与启示

本文在多模态视角下对汉语课堂小组互动进行了研究。汉语课堂的小组互动是一个多模态资源协同合作的过程，互动过程中除了语言模态，小组成员还会运用到眼神模态、手势模态、身体姿势模态、头部运动模态以及表情模态。但不同模态在互动中承担着不同的功能，语言模态的主要功能是提示问题，提示成员在互动中存在的问题；眼神模态是一种"无声的表达"，主要用于表达情感，它如同"润滑剂"一样协调着小组互动进程；手势模态主要通过其"指示性"来表达意图，它既可以使小组的互动更加有序，也可以促进团队和谐；头部运动模态具有互动反馈功能，通过点头及时给予其他成员反馈，从而推动任务进程；身体姿势模态和表情模态都作为"状态标识性"的模态，可以体现出当前小组互动处于积极状态还是消极状态。此外，不同互动行为中模态的运用特征有所不同，互动参与者主体也不相同。从模态强度看，一种模态在不同互动行为中的使用强度不同，比如手势在任务分配行为中是高强度模态，在发起协商行为中就是低强度模态，但总体来看眼神在不同互动行为中一般都是高强度模态。从模态复杂度来看，发起协商行为、求助行为的模态复杂度比较高，他们往往是在多种模态相互配合下完成的互动；而任务分配行为、提示提醒行为、帮助行为、反馈行为的模态复杂度较低，虽然这些行为中不止一种模态，但这些模态往往是单独使用完成互动的。

以上研究成果对汉语教学实践有一定启示。通过观察学习者在互动中所呈现的多模态特征，教师可以直观地了解小组的互动状态，甚至推断出小组互动效果。总体来看，良好的互动常常伴随着比较丰富的模态运用。如果在课堂互动中互动参与者仅仅呈现较少的模态，或者表现出较为"负面"的模态（如呆滞的表情、趋远的姿势），那么教师应当适当反思课堂的任务设计是否适合这些学习者，或者这些任务是否缺乏趣味性。同时教师应当考虑当前的分组设置是否合理，是否需要重新分组。在优化分组的基础上，提高汉语课堂小组互动的效果。对于汉语课堂教学研究，本研究也有若干启示。前人对课堂教学的研究主要基于会话分析，但教学事实上是一个多模态的过程，将多模态分析和会话分析相结合，可以更好地揭示课堂教学的内在机制。

本文是从多模态视角对汉语课堂的探索性研究，其不足之处在于对行为的模态运用描述还不够细致。此外，本研究中的汉语学习者均为韩国的汉语学习者，那么，其他文化背景的学习者是否呈现出不同的模态运用特征，则需要进一步研究。

转录体例

［ ］ 重叠

××× 听不清的语句

(-)(—)(---) 1秒以下的短中长停顿

：、：：、：：： 1秒以下的声音延长

- 声音的中断

↑ 语调的升高

↓ 语调的降低

(2S) 沉默2秒

(laugh) 笑

＃＃、＊＊、＄＄、() 与语音同步的非语言模态(如手势、身体姿势、眼神、表情以及头部运动)的开始处和结束处

---> 非语言模态持续到下一行

---》 非语言模态持续到该段结束

注 释

① ELAN 是由荷兰马克斯·普朗克心理语言学研究所开发的用于在视频和音频资源上创建复杂注释的专业工具。该软件可以将视频精确到0.01秒以及倍速慢放，以便于细致地识别小组成员在互动中的模态资源，从而详细准确地标注这些模态。见 https://tla.mpi.nl/tools/tla-tools/elan/。（访问日期：2019年11月3日）

参考文献

徐锦芬、叶晟杉(2014)二语/外语课堂中的同伴互动探析,《当代外语研究》第10期。

徐锦芬、寇金南(2017)大学英语课堂小组互动模式研究,《外语教学》第2期。

徐锦芬、寇金南(2018)任务类型对大学英语课堂小组互动的影响,《外语与外语教学》第1期。

张德禄、王 正(2016)多模态互动分析框架探索,《中国外语》第2期。

Chafe, W. (1994) *Discourse, Consciousness, and Time: The Flow and Displacement of Conscious Experience in Speaking and Writing*. Chicago: University of Chicago Press.

Damon, W. & Phelps, E. (1989) Critical distinctions among three approaches to peer education. *International Journal of Educational Research*, 13(1), 9—19.

Donato, R. (1988) *Beyond Group: A Psycholinguistic Rationale for Collective Activity in Second-language Learning*. PhD thesis of University of Delaware.

Ekman, P. E. & Friesen, W. V. (1978) *Facial Action Coding System: A Technique for the Measurement of Facial Movement*. Palo Alto: Consulting Psycologists Press.

Harrigan, J. A. (2005) Proxemics, kinesics, and gaze. In Harrigan, J. A., Rosenthal, R. & Scherer, K. (eds.). *The New Handbook of Methods in Nonverbal Behavior Research*, 137—198. Oxford: Oxford University Press.

Kelly, S. D., Singer, M., Hicks, J. & Susan, G. (2002) A helping hand in assessing children's knowledge: Instructing adults to attend to gesture. *Congnition and Instruction*, 20(1), 1—26.

Kim, Y. & McDonough, K. (2008) The effect of interlocutor proficiency on the collaborative dialogue between Korean as a second language learners. *Language Teaching Research*, 12(2), 211—234.

Kunitz, S. & Marian, K. S. (2017) Tracking immanent language learning behavior over time in task-based classroom work. *Tesol Quarterly*, 51(3), 507—535.

Li, X. (2014) *Multimodality, Interaction and Turn-taking in Mandarin Conversation*. Amsterdam: John Benjamins.

Long, M. H. (1996) The role of the linguistic environment in second language acquisition. In Ritchie, W. C. & Bhatia, T. K. (eds.). *Handbook of Second Language Acquisition*, 413—468. San Diego: Academic Press.

Markee, N. (2008) Toward a learning behavior tracking methodology for CA-for-SLA. *Applied Linguistics*, 29(3), 404—427.

McClave, E. Z. (2000) Linguistic functions of head movements in the context of speech. *Journal of Pragmatics*, 32(7), 855—878.

McNeill, D. (1992) *Hand and Mind: What Gestures Reveal about Thought*. Chicago: University of Chicago Press.

Norris, S. (2004) *Analyzing Multimodal Interaction: A Methodological Framework*. London: Routledge.

Ohta, A. S. (2001) *Second Language Acquisition Processes in the Classroom: Learning Japanese*. Mahwah: Lawrence Erlbaum.

Rossano, F. (2012) *Gaze Behavior in Face-to-face Interaction*. PhD thesis of the Radboud University Nijimegen.

Storch, N. (2002) Patterns of interaction in ESL pair work. *Language Learning*, 52(1), 119—158.

Watanabe, Y. & Swain, M. (2007) Effects of proficiency differences and patterns of pair interaction on second language learning: Collaborative dialogue between adult ESL learners. *Language Teaching Research*, 11(2), 121—142.

作者简介

王帅,南开大学汉语言文化学院副教授,博士,研究方向为汉语语用、国际中文教育。Email:callmeshuai1983@163.com。

王志荣,苏州市高新区实验小学教师,国际中文教育硕士,研究方向为国际中文教育。Email:18222969092@163.com。

面向中外汉硕生的"跨文化交际"课混班式授课及其设计与实践*

王　晖　张芯萍　温伟振

青岛大学国际教育学院

提　要　中外汉硕生"跨文化交际"课混班式授课与各自分班授课相比具有明显的优点,也有一定的缺点。为了避免混班式授课的不足,充分发挥它的优势,需要对课程的教学目标和教学模式(过程)进行周密的设计。本文以"群体主义与个人主义"一讲为例粗线条地展示了一个完整的教学过程。课程结束后,以授课班级为对象就满意度、课程内容和授课方式等方面进行了一个包括 11 个问题的问卷调查。从学生的反馈来看,绝大多数学生反映是满意的,收获很大。同时,学生也提出了一些意见和建议。以学生的意见为依据,针对课程内容和授课方式等进行了进一步的探讨。该课程的教学模式对改善中外汉硕生的"跨文化交际"课以及同类型课程的教学都有较大的参考价值。

关键词　中外汉硕生　"跨文化交际"课　混班式授课　教学设计　教学实践

一　引言

目前国内各汉语国际教育硕士[①](以下简称"汉硕生")培养高校对中外汉硕生的培养方式分为两种:分班式授课、混班式授课。考虑到中外汉硕生培养目标、要求不尽相同,以及他们在汉语水平和汉语知识上的较大差距,十几年前全国汉语国际教育硕士专业学位教育指导委员会公布的指导性培养方案,中外汉硕生是各有一套的。依此方案,很多高校根据自己的具体情况,也分别制定了自己的培养方案。不过,由于很多高校国外汉硕生源不足,如果对他们实行单独授课,成本太高,不得不安排他们与中国研究生相同的

---

* 本文系山东省研究生教育质量提升计划项目(SDYJG19053、SDYAL19054)、青岛市教育科学"十三五"规划 2020 年度项目(QJK135C1225)的阶段性研究成果。匿名评审专家对本文提出了富有建设性的宝贵意见,谨此一并致谢。

课程同班上课。这可以称为"被动混班"。当然,也有不少高校除少数课程以外,大部分专业课程均采用了混合授课的方式,这可以称为"主动混班"。也有的高校是部分课程分开授课、部分课程混合授课(比如,必修课分开、选修课混合),分与合都是主动的。

总而言之,目前的情况是,除了一部分专门为中国汉硕生、外国汉硕生设置的课程(前者如思政理论、外语等,后者如高级汉语、汉语语言学、当代中国专题等)分开授课以外,其他课程(相同的课程)是分开授课还是混合授课,各高校并没有统一的做法。

青岛大学国际教育学院因为有足够数量的外国汉硕生,一直以来所有课程都是分班式授课,经过十几年的发展,它的缺点充分暴露出来。2018年秋季学期,在听取广大同学和相关任课教师意见的基础上,学院开始在部分文化类课程中试行中外汉硕生混班式授课,"跨文化交际"课就是试验课程之一。

二 "跨文化交际"课分班式授课与混班式授课的利弊

跨文化交际能力和意识的培养对于未来国际中文教育的生力军——中外汉硕生来说是至关重要的。毫无疑问,作为核心课程之一的"跨文化交际"在这方面具有不可替代的作用。"跨文化交际"课的学习,可以增强学生对文化差异的敏感性,培养和提高他们的跨文化交际能力。(黄鸣 2003)

就国内高校来看,面向中外汉硕生的"跨文化交际"课一般有两种授课方式:其一为分班式,中外汉硕生各自编班授课;其二为混班式,中外汉硕生混班授课。分班式授课与混班式授课各有利弊。

分班式授课优点有二。第一,针对中外汉硕生差异化培养方向和目标。中国汉硕生立足中国文化,面对外国文化;外国汉硕生立足本国文化,面对中国文化和其他国家文化。对于外国汉硕生来说,需要比较全面、系统地掌握中国与交际有关的文化内容;对于中国汉硕生来说,需要在一定的跨文化交际知识的基础上了解其他国家的文化。第二,针对中外汉硕生汉语水平的较大差距,避免中国汉硕生吃不饱、外国汉硕生吃不了的局面的出现。

分班式授课的缺点也有两点。第一,中外汉硕生"各自为政",空对空地讨论,跨文化交际比较凭间接经验展开,容易想当然或带着刻板印象进行。这对中国汉硕生来说尤其明显,外国汉硕生还可以与中国任课老师讨论。因为缺乏真实的面对面交流,中外汉硕生双方都难以从对方那儿获得直接、有益的帮助和启发。第二,因为缺乏交际对方的约束,中外汉硕生常常是各说各话,这样一来,不但不利于真正的跨文化交际能力的培养和跨文化意识的形成,反而可能会形成阻碍,一定程度上强化对他国的刻板印象,这方面在外国汉硕生身上表现得明显一些。

混班式授课的优点有三。第一,中外汉硕生通过课堂上面对面的交流,获得真实的跨文化交际的经验,最大限度地避免、纠正自己看问题时想当然的刻板印象。第二,中外汉硕生混班,处在一个真实的交际环境下,双方互相沟通、约束,更能获得真实的跨文化交际体验,有助于跨文化交际意识的培养。第三,中外汉硕生各取所需:中国汉硕生获得外国汉硕生所在国家的跨文化交际知识,外国汉硕生除了获得关于中国的跨文化知识,还可以通过真实的交际,进一步提高自己的汉语表达能力。

混班式授课的缺点有两点。第一,外国汉硕生来自不同的国家,关于他们国家的文化总体上内容更为丰富多样一些,加之中国学生多谦逊礼让,容易使中国汉硕生在课堂上成为客人。第二,由于每个小组人数较多(5~6人),来自不同国家,不少学生可能有所顾虑,不能真实地表达自己的意见和想法。

三 "跨文化交际"混班式授课课程设计

前文我们对比说明了混班式授课与分班式授课的利与弊,很明显,混班式授课是优于分班式授课的。为了发扬混班式授课的长处,避免其短处,科学合理地对课程进行设计就显得尤为重要。下边将详细地介绍我们所做的课程内容、教学模式设计及考核评价。

3.1 课程内容

跨文化交际所涉内容非常广泛,但是,由于受研究生专业课教学课时(每周2课时)所限,"跨文化交际"课本身所能容纳的知识内容就比较有限。有鉴于此,授课内容的甄选就显得非常重要。这是一项基础性工作,属于"教什么"的问题。我们认为,课程内容首先应当落实到"交际"这个关键词上,只有那些与交际有直接或比较密切关系的文化因素才值得纳入我们的课程内容,才是学生们最需要关注和掌握的,自然也应该是面向中外汉硕生开设"跨文化交际"课程的用力之所在。(王晖 2017)②另一个关键词是"中国文化",也就是说,我们的"跨文化交际"课所侧重的不是泛泛的一般国与国之间的文化交际,而是主要立足于影响中国人和外国人交际的中国文化和外国文化(当然也包括其他国家之间的交际比较,但这不是最重要的)。③根据青岛大学一学期的教学周数(一般为17或18周),该课程具体学时安排及教学内容如表1所示。

表1 具体学时安排及教学内容

教学周	教学内容
1	热身:教师介绍课程内容、教学计划、要求、考核方式等; 中外学生分组互相认识、交流
2	第一讲 导论:文化、交际文化;中国文化的类型与特征

续表

教学周	教学内容
3	第二讲　中国当代文化的特征；跨文化交际
4	第三讲　各国人的特点
5	第四讲　人情与关系
6	第五讲　面子
7	第六讲　等级与权威
8	第七讲　群体主义与个人主义
9	第八讲　礼貌与礼仪
10	第九讲　民间传统游戏及体验
11	第十讲　家庭与夫妻关系
12	第十一讲　婚俗文化
13	第十二讲　餐饮文化与饭局
14	第十三讲　颜色与文化
15	第十四讲　数字与文化
16	第十五讲　非语言交际
17	第十六讲　传统节日与文化
18	总结、复习、答疑

3.2　教学模式

教学内容固然重要,如何使所选定的内容更充分地发挥作用,教学模式的设计就显得更为关键了。这属于"怎么教"的问题。从某种意义上讲,教学模式的设计更能体现一门课的教学理念,也直接攸关教学的效果。

本课程除了前三讲的内容外,一个教学周完成一个跨文化知识专题的学习、讨论。我们所采用的教学方法一般为小组合作探究法、任务型教学法、案例分析法、讲授法、演示法等。下边以 2018 级为例,介绍一下本课程的基本情况和教学流程。

3.2.1　2018 级分班与分组、2018 级外国汉硕生国籍与文化背景

2018 级招生 47 人：中国学生 28 人、外国学生 19 人。2018 级学生分为 A、B 两个班,A 班 24 人(中国学生 14 人、外国学生 10 人),B 班 23 人(中国学生 14 人、外国学生 9 人)。每班分为 4 个小组,每组 6 人,B 班有一个组 5 人,其中外国学生 2~3 人。开课前一周,根据中外学生的专业背景、洲别(外国学生)、国别(外国学生)、省别(中国学生)、性别等进行差异化分组,便于后续讨论时能进行充分的异文化交流。

2018级外国学生分布在俄罗斯、泰国、韩国、乌克兰、吉尔吉斯斯坦、法国、约旦、伊拉克、白俄罗斯、德国、意大利等11个国家,其中分布人数最多的是俄罗斯(5人)(见图1)。根据塞缪尔·亨廷顿(2003),可将外国学生的国籍按照文化背景大致归为以下几类:斯拉夫—东正教文明圈(俄罗斯、乌克兰、白俄罗斯)、中华文明圈(韩国)、伊斯兰文明圈(吉尔吉斯斯坦、约旦、伊拉克)和西方文明圈(法国、德国、意大利)。通过对泰国研究生和有关学者的咨询,泰国应该属于佛教(南传佛教或小乘佛教)文化圈。按洲别来看,2018级外国学生分布在欧洲(11人)和亚洲(8人)两大洲。

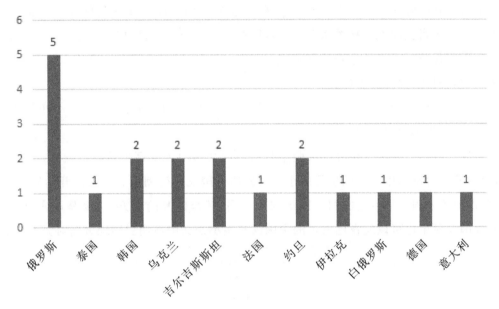

图1 外国学生国别分布

3.2.2 课程目标

目前,业内普遍认为,跨文化交际能力应包含知识、情感、行为三个不同的层面(Chen & Starosta 2000;曾丹 2016)。通过本课程的学习,学生能比较全面地掌握与跨文化交际有关的义化内容,并通过与外国相关内容的比较,加深对影响跨文化交际的中国人和本国人的价值观念、思维方式、情感取向、行为方式等的理解和认知,最终培养学生拥有全面的跨文化交际意识,获得基本的跨文化交际能力。(冷琳 2018)

3.2.3 教学过程

每一讲的教学环节安排如下:

1.问题导入。以4~5个与本讲专题有关的问题导入,让学生根据自己已有的知识、经验等进行简单的回答。

2.案例分析。展示能反映与本讲专题内容有关的1~2个案例,教师引导学生各抒己见,进行初步讨论。教师稍加总结,自然引出下一个环节。

3. 文化专题讲解。教师围绕本讲专题主要讲解中国文化交际知识,同时也适当地与其他国家的文化进行异同比较。

4. 跨文化交际提示。从正反两个方面提炼与本讲主题有关的、与中国人交际时需要注意的内容。此部分内容实用价值较大,对外国汉硕生来说尤其如此。

5. 常用熟语举例。选取能反映本讲专题内容、体现中国文化特点的熟语加以提示,让学生(尤其是外国汉硕生)熟悉并掌握中国人常用的、主要的文化熟语。

6. 跨文化交际知识窗。与本讲主题有直接关系的一般跨文化交际知识点的介绍。也有部分与本讲主题无直接关系但十分有用的跨文化交际知识的介绍。

7. 布置作业。要求学生查找资料或采访他人(中国人、外国人),围绕本讲主题进行中外跨文化对比,并写出小论文。

8. 小组讨论,代表发言。先进行充分的小组讨论,各组再派出代表(每个小组1名)登台发言,汇报小组讨论内容。

9. 课后其他要求。每组外国汉硕生写的小论文由中国汉硕生轮流负责修改(每人1篇,有的轮次轮空),中国汉硕生写的小论文发给外国汉硕生阅读。下次课开始后5分钟内,负责批改外国汉硕生论文的中国汉硕生说明、解释修改的地方(主要是语言、格式方面),外国汉硕生也可以就自己看过的中国汉硕生小论文中不明白的地方向对方询问。

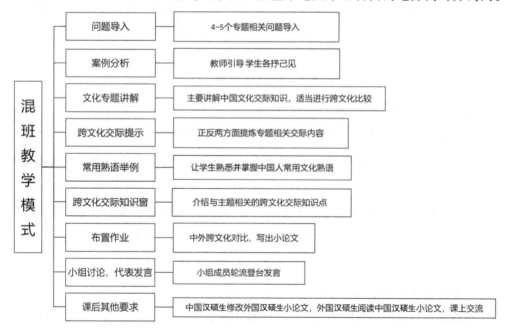

图 2 混班教学模式图

3.3 考核评价

该课程的考核按照青岛大学网络教学系统的要求,进行综合评价:平时成绩占30%,期末成绩占70%。在平时成绩方面,学生登台发言占10%,这一部分考查学生的口头表达能力、逻辑思维能力以及临场反应能力;课后作业小论文占10%,这部分考查学生的语言表达(包括标点)、内容、论文格式等;课堂表现占10%,这部分考查学生课堂讨论的参与度、提问数量及水平、出勤等。而在期末成绩方面,以期末论文(案例分析)的形式,全面考查学生提出问题、分析问题、解决问题的能力。

美国著名教育学家Tyler的"泰勒课程原理"主要涉及教学的四个基本问题:第一,确定目标;第二,选择经验;第三,组织经验;第四,评价结果。(Tyler 2008,1)这四个环节紧密相连、环环相扣,最后的评价结果又会反过来促进目标的修订,使得整个课程与教学活动形成一个完整的密闭链条。我们的课程设计基本上就是这一教学原理的完整体现和诠释。

四 教学案例展示与分析

为了更具体地展示内容设计和程序设计的过程,我们以第七讲"群体主义与个人主义"为例作一个大概的介绍和分析。

4.1 教学目标

通过本讲内容的学习,了解群体与个人关系在中国社会的表现,明确中国社会的群体主义特征;通过查找资料,就中国与外国在群体主义和个人主义方面的异同表现进行深入比较,并探讨其中的原因(完成一篇小论文的写作)。

教学目标要使学生明确学习目标不仅要知其然(what、how),即中国社会群体主义倾向、西方社会个人主义倾向,以及两种倾向在人们的行为中是如何表现的;还要知其所以然(why),即分析群体主义和个人主义价值观在中国社会和西方社会产生的原因。

4.2 教学准备

1. 布置预习。学生事先预习教材第七讲"群体主义与个人主义"的内容。

2. 准备生活中能明显体现出群体主义和个人主义的几个案例,以便课堂上与小组同学分享。

3. 准备回答"跨文化问题导入"中的六个问题。

4. 试着初步分析一下教材中的两个案例。

预习要求学生掌握教材第七讲的主要内容;案例查找能明显反映出中国人和其他国家表现不同的,最好是中国人和外国人共同参与的表现群体主义和个人主义的真实案例;"跨文化问题导入"不必考虑过深,按照自己的直接和间接经验准备即可。

4.3 教学过程

1. 导入。导入问题举例:一个年轻人30岁了还不想找对象,人们会怎么看?/家里的电视看了十几年了,想换一台新的,你们打算选择什么样的?/在一次会议上,你的观点跟多数人不一样,你会坚持或保留自己的意见吗?

问题都是生活中常见的能显示出群体取向或个人取向的现象。中外学生对同一问题的一致或不一致的回答,使其感受群体主义和个人主义观念在不同国家文化中对人们的影响。

2. 案例展示与简单分析。案例:集体的荣誉与个人的荣誉。主要内容是电视台采访获得奥运会羽毛球冠军的中国队教练李永波的感受时,他的回答强调了荣誉属于国家和团队,也属于个人;与之相对的是,美国运动员获得了冠军,他会强调自己的努力和奋斗,荣誉主要属于他自己。

此环节的案例是个引子,主要目的是通过案例引起学生的兴趣,为后续专题内容的讲授作一个铺垫。师生互动,可以让中外汉硕生各读一部分(外国汉硕生读中国人表现的一段,中国汉硕生读美国运动员表现的一段),增加各自的参与感。学生可以畅所欲言,各抒己见。教师在学生发言的基础上稍作总结。

3. 文化专题讲解。主要围绕"中国人的群体主义"展开,辨析"群体"与"集体"的异同;明确群体主义的内涵;说明儒家观念对中国人形成群体观念的影响以及群体主义的主要特征,即群体取向、他人取向;中国人的从众心理、羊群效应、不突出个人、历史上国家的统一主流等。在提示教材第一讲"导论"和第三讲"各国人的特点"部分有关内容的基础上,强调群体主义和个人主义在中外的表现只是一种倾向,并不是泾渭分明、截然对立的。从发展的眼光看,改革开放后,个人主义思想在中国,尤其是年轻人群中有明显增长。强调中性、客观地看待群体主义和个人主义的价值观,避免褒此贬彼。

本部分虽然主要讲中国人的群体主义,但也注意与他国文化的比较。不是教师一人唱独角戏,而是时时注意与学生的互动,给学生(尤其是个人主义倾向明显的国家的学生)发言的机会。

4. 跨文化交际提示。例如:某件事成功后,不要过于强调自己的功劳,应该先强调群体和大家的共同努力,然后再说自己也作出了一定的贡献。

提示的内容短小精悍,便于记忆和叙述,让学生能举一反三。这样做也是为了使他们将来教学时能随教随用。这个环节不必展开,让学生(尤其是外国汉硕生)注意一下即可。

5. 常用熟语举例。例如:大河有水小河满,大河无水小河干/独木不成林/一个篱笆三个桩,一个好汉三个帮。

这些熟语内容凝练,韵律和谐,都是固定的短语或短句,非常便于学生记忆,与上边的跨文化交际提示配合学习,相得益彰。

6. 跨文化交际知识窗:群体文化。涉及群体的概念、特征和它的普遍意义。

这是关于群体文化的一般跨文化交际知识,通过这个知识点的学习,学生可以从宏观上、整体上把握群体主义和个人主义,而不是仅仅限于对某个或某几个国家(尤其是代表性的国家)的具体的群体主义或个人主义表现的了解。

7. 小组讨论。学生以老师布置的作业(小论文:重视群体和重视个人各有什么利弊?比较中国和其他国家的异同)为依据在小组中讨论、发言。

小组主持人掌握时间和节奏,争取每个人都能参与讨论;发言人不要读自己的小论文,概括说明自己论文的主要内容即可,为讨论留出足够的时间。一开始就指定小组代表,记录大家的讨论内容,为登台发言作准备。

8. 小组代表登台发言。各小组代表汇报自己小组讨论的内容。教师对全班各小组进行协调,保证每一个轮次都有外国学生发言。某小组代表发完言后,其他小组点评,小组代表回答问题。

无论是小组讨论阶段还是登台发言阶段,都要让中国汉硕生注意外国汉硕生的语言表达问题,等外国汉硕生代表发完言后指出来。

9. 教师点评、总结。教师针对学生的发言进行点评,指出优点和不足;针对外国汉硕生的作业和发言就内容和语言表达进行总结,这一个总结除了使外国汉硕生了解自己的问题和不足外,也可以使中国汉硕生清楚从哪些方面(内容、语言表达等)去观察外国汉硕生作业和发言中的问题,利于今后更加有的放矢地批改外国汉硕生的作业,纠正他们的语言表达问题。

五 课程调查效果与反馈分析

课程结束后,为了了解学生的反应、意见和建议,我们利用"问卷星"对2018级混合授课的两个班所有学生进行了网上问卷调查。调查采用匿名的形式,发放47份问卷,回收有效问卷47份。结果如表2、表3所示。

表2 关于"跨文化交际"课的调查结果——单选题

	很满意	比较满意	一般满意	不满意
1.对这门课程的满意程度	38(人) (80.85%)	9(人) (19.15%)	0(人) (0%)	0(人) (0%)

续表

2.学了这门课以后的收获	很有收获	有收获	一般	没有收获
	26(人)(55.32%)	19(人)(40.43%)	2(人)(4.25%)	0(人)(0%)
3.学了这门课对从事中文教育的帮助	很有帮助	有帮助	一般	没有帮助
	25(人)(53.19%)	20(人)(42.56%)	2(人)(4.25%)	0(人)(0%)
4.你认为中外汉硕生混班式授课好还是分班式授课好	混班好	分班好	都可以	
	40(人)(85.11%)	2(人)(4.25%)	5(人)(10.64%)	

表3　关于"跨文化交际"课的调查结果——多选题

5.学了这门课以后，对你哪些方面有帮助	口语教学	文化教学	适应中国环境	适应国外环境
	6(人)(12.77%)	42(人)(89.36%)	21(人)(44.68%)	29(人)(61.70%)
	拥有宽广的胸怀	培养跨文化交际能力和意识	其他	
	30(人)(63.83%)	44(人)(93.62%)	0(人)(0%)	
6.你认为以下专题哪些有必要	各国人的特点	人情与关系	面子	群体主义与个人主义
	35(人)(74.47%)	38(人)(80.85%)	33(人)(70.21%)	35(人)(74.47%)
	礼貌与礼仪	家庭与夫妻关系	餐饮文化与饭局	婚俗文化
	43(人)(91.49%)	25(人)(53.19%)	40(人)(85.11%)	16(人)(34.04%)
	颜色文化	数字文化	非语言交际	民间传统游戏
	28(人)(59.57%)	25(人)(53.19%)	40(人)(85.11%)	10(人)(21.28%)
	传统节日文化			
	29(人)(61.70%)			

续表

	老师讲,学生听	老师和学生互动	小组讨论	学生登台发言
7.你喜欢什么样的课程进行方式	15(人)(31.91%)	45(人)(95.74%)	31(人)(65.96%)	23(人)(48.94%)
	其他			
	0(人)(0%)			
	图片	视频	音频	PPT
8.你认为有必要使用哪些教学辅助手段	37(人)(78.72%)	44(人)(93.62%)	19(人)(40.43%)	35(人)(74.47%)
	录像	其他		
	16(人)(34.04%)	0(人)(0%)		
	打印	手写	打印或手写	其他
9.你喜欢提交什么形式的作业	29(人)(61.70%)	2(人)(4.25%)	15(人)(31.91%)	4(人)(8.51%)

关于对本课程的满意度和是否有收获方面,所有学生选择很满意和比较满意(其中80.85%觉得很满意);绝大多数学生(95.75%)觉得学了这门课程之后很有收获和有收获(其中55.32%觉得很有收获),并且对将来要从事的中文教育有帮助。

关于中外汉硕生混班式授课好还是分班式授课好这个问题,调查结果显示,有40人(85.11%)认为混班式授课好,5人觉得两种方式都可以,只有2人觉得分班式授课好。赞同混班式授课的人数占压倒性多数。这个结果从一个侧面证明了我们前边所说的混班式授课的优点。当然,理想的实验应该是设置混班制和分班制的平行班,课程结束后进行问卷调查。但操作难度很大,因为可以断定,让学生报名的话,大部分人会选择混班制班,没有几个人愿意选分班制班做"试验品"(牺牲品)。因为新冠病毒感染疫情,混班式授课只实行了两届(2018级、2019级),2020级又不得不恢复了分班制(外国汉硕生只能在各自国家线上上课)。2020年秋季学期开学后,我们也分别面向中外汉硕生作过口头调查,绝大多数学生的选择不出意料偏向混班式授课。

关于本课程对哪些方面有帮助,学生认为这门课主要在培养跨文化交际能力和意识(93.62%)、文化教学(89.36%)、拥有宽广的胸怀(63.83%)、适应国外环境(61.70%)和适应中国环境(44.68%)方面对他们有帮助。考虑到适应中国环境主要是外国汉硕生选填、适应国外环境主要是中国汉硕生选填,那么选填的人数比例还是相当高的。只有对口语教学有帮助的选项很低(12.77%),这也在情理之中,毕竟"跨文化交际"课是文化类课型,对作为技能课的口语教学不大会带来多少直接的帮助。

关于本课程哪些专题有必要这个问题,有 33 人以上选择的专题是:礼貌与礼仪(43 人)、餐饮文化与饭局(40 人)、非语言交际(40 人)、人情与关系(38 人)、各国人的特点(35 人)、群体主义与个人主义(35 人)、面子(33 人);有 25～32 人选择的专题是:传统节日文化(29 人)、颜色文化(28 人)、数字文化(25 人)、家庭与夫妻关系(25 人);不到 20 人选择的专题是:婚俗文化(16 人)、民间传统游戏(10 人)。可以看出,学生对大部分专题是认可的。学生的选择倾向也比较明显,大概说来,凡是与交际关系越密切、直接的,选择度相对就越高,33 人以上选择的 7 个专题明显地反映了这一点。选择人数不到 20 人的婚俗文化虽然是比较重要的交际生活,但是比较间接地体现交际性的制度文化内容;民间传统游戏选择度最低也不出意料,因为这个专题娱乐性比较强,跟交际文化关联度最低。设置这个专题的主要目的之一是学期中间换一下节奏,让学生感受一下各国童年的快乐时光,让学生放松一下。实际情况也显示,多数学生当时玩儿得是比较快乐的。

关于学生喜欢什么样的课程进行方式,有多达 45 人选择老师和学生互动,31 人选择小组讨论,23 人选择学生登台发言,15 人选择老师讲、学生听。由是观之,带有互动、交流特点的方式学生明显更偏好,而学生或教师单独进行的方式学生偏好度相对比较低,但不到二分之一的学生选择学生登台发言,这也反映了部分学生还是对个人面向全班同学发言有所发怵。近三分之一的学生选择教师讲、学生听的方式,从积极方面说反映了部分学生还是需要教师的系统讲授。

关于有必要使用哪些教学辅助手段,对视频(93.62%)、图片(78.72%)、PPT(74.47%)的选择度比较高,对音频(40.43%)、录像(34.04%)的选择度相对比较低。PPT 是现在普遍采用的教学手段,视频、图片也是常用的直观的教学手段,选择度高完全可以理解。音频因为只有声音,相比视频自是逊色不少;录像因为操作不太方便,学生选择度不高也是可以理解的,但也有三分之一的选择度。总而言之,使用多种教学手段开展教学是大多数学生的愿望。

关于提交什么形式的作业,多数学生(61.70%)选择电脑打印稿,也有部分学生(31.91%)选择打印或手写都可以。个别学生选择手写(4.25%)或其他(8.51%),不具有统计学意义。大多数学生选择打印稿是符合预期的,部分学生选择手写或打印手写均可,可能是部分学生(尤其是外国学生)觉得有必要练习一下汉字书写吧。

六 思考与讨论

面向中外汉硕生的混班制教学只在两届(2018 级、2019 级)学生中实施过,但由于中外汉硕生人数较多(2018级47人、2019级45人),混班制教学应该算是进行了相对比较充分的实践。按照我们的教学设计,经过两个年级的教学实践检验,充分证明了混班式授课的显著优势。这在前边已尽述,不赘。在这儿提出两个问题,再作进一步思考和讨论。

6.1 内容的选择

应该说我们立足中国文化、紧扣异文化交际之间不同的因素选择课程内容的思路大方向是正确的,因此得到了学生的基本认可。但跨文化交际实际涉及面很广,是否还有更适合列入课程的内容呢?针对这一问题,我们也面向2018级47个学生以"你认为还有哪些专题有设立的必要"为题作过调查,除了3人为无效回答(回答"有""跨文化交际"或打一个句号)外,6人作出了否定回答("没有""已经很全面了"等),还有7人的回答是我们课程内容已经包含的或提出具体要求的("婚俗文化""比较不同国家的文化""数字和颜色应该可以一起学习""各国人的特点,人情与关系、礼貌与礼仪的餐饮""非语言交际具体的部分""各国家代表性节日""朋友、同事等日常关系")。其他都是列出具体专题内容的,但都比较分散,只有"贸易规则""旅游风情""运动或传统运动""禁忌或文化禁忌"各有2人列出。剩下的其他内容可以说是五花八门,涉及历史、教育、社会制度、经济、艺术、潮流、服饰、交通、购物、理想等内容。

从学生提供的专题内容看,有的人(可能主要是外国汉硕生)可能把我们的课程理解为跨文化比较课了,没有抓住关键词"交际"。如果是跨文化比较,范围当然会比跨文化交际广多了。这提醒我们,以后上课时要进一步对学生强调课程内容的交际性。

此外,通过学生的建议,看得出学生对具体场合或职场的交际规则内容也是比较看重的。这启发我们,在以后的教学中应更多地涉及具体交际场合,尤其是与职场交际规则有关的内容。这对学生将来的就业是会有比较大的帮助的。

6.2 课程的改进

任何课程进行完毕后都会留有些许遗憾和不足。作为教师,应该不断总结经验教训,进一步完善自己的课程。针对这一点,我们也以"你对本门课程还有什么意见和建议"为题进行了调查。有17人作了回答,除了泛泛的回答(如"多看视频""多互动"等)外,我们认为以下回答较有价值:

第一,中外汉硕生伙伴轮换。关于这一点,我们也曾考虑过,四周或半个学期小组成员互换一下,但不少学生认为小组成员好不容易混熟了,可以充分地交流,换了还得重新适应。看来,我们还是有点儿迁就学生。跨文化交际大多数情况下就是陌生人之间的交际,交际多数情况下就是把生人变成熟人的过程。尽量多接触来自不同文化背景的学生更有助于培养学生的跨文化交际能力和意识。我们考虑今后上课时征求学生的意见,小组成员(主要是外国学生)更换 2~4 次。

第二,增加课堂模拟真实场景的活动。这反映了学生对文化交际体验的需求。通过模拟真实场景的交际活动,学生能更直接、准确地把握相关交际原则、具体交际方式和语言,同时,也可以起到活跃课堂气氛的效果。

此外,还有学生提出合作完成作业等建议,操作难度比较大,弊大于利。在此不作讨论。

七 结语

"跨文化交际"课中外汉硕生混班式授课相对于分班式授课具有比较明显的优势,我们对混班式授课进行了详细的教学设计,并以此为据,选择"群体主义与个人主义"的专题进行了粗线条的教学展示。

在一个学期课程结束后,我们面向一个年级 47 名学生进行了问卷调查,调查结果显示,学生对本课程总体评价是满意的,感觉收获很大,对培养跨文化交际能力和获得跨文化交际意识有很大帮助。同时,学生也对课程内容和授课方式等提出了很多建议和意见。以此为据,就本课程内容的选择和课程的改进,我们进行了一些探讨。当然,混班式授课只在两个年级实施过,但由于授课人数足够,课程本身的问题应该也暴露得比较充分了。参考学生提出的建议和意见,我们需要进一步思考有关问题,继续发扬本课程的优点,改进其不足,以使本课程日臻完善,从而更好地为学生服务。总之,"跨文化交际"课程设计的改革是非常有必要的,该课程的重要性也值得引起决策者和教师的关注。

注 释

① 在国务院学位委员会公布的《研究生教育学科专业目录(2022)》中,"汉语国际教育"更名为"国际中文教育"。顺理成章,"汉语国际教育专业硕士"也改为"国际中文教育专业硕士"。

② 该教材编写的初衷是服务于外国汉硕生教学(也适用于中国学生),所以,内容的选取主要考虑能突出反映中国特点的交际文化因素等。

③ 一直以来,我们的课程和编著的教材名称都为"中国文化与跨文化交际",2021 年修订培养方案,为了统一课程名称,改为"跨文化交际",但"名"变"实"未变。

参考文献

戴　晖(2009)论"跨文化交际"课程设计模块化,《长春理工大学学报(社会科学版)》第 1 期。

黄　鸣(2003)谈"跨文化交际学"课程设计,《西南民族大学学报(人文社科版)》第 11 期。

冷　琳(2018)传播中国文化 提升跨文化交际能力,《中国出版》第 15 期。

塞缪尔·亨廷顿(2002)《文明的冲突与世界秩序的重建》(第三版)(周琪、刘绯、张立平、王圆译),新华出版社。

王　晖(2017)《中国文化与跨文化交际》,商务印书馆。

曾　丹(2016)基于案例教学法的"跨文化交际"课程设计,《开封教育学院学报》第 5 期。

Chen, G. & Starosta, W. J. (2000) The development and validation of the intercultural sensitivity scale. The Annual Meeting of the National Communication Association 86th, 2000.08.12, Seattle.

Tyler, R. W. (2008)《课程与教学的基本原理(英汉对照版)》(罗康、张阅译),中国轻工业出版社。

作者简介

王晖,青岛大学国际教育学院副教授,主要研究方向为中国文化与跨文化交际、汉语词汇语法语用研究与教学、国际中文教育。Email:qddxwanghui@126.com。

张芯萍,青岛大学国际教育学院硕士研究生,研究方向为国际中文教育、跨文化交际。Email:zcxp0086@163.com。

温伟振,青岛大学国际教育学院硕士研究生,研究方向为国际中文教育、跨文化交际。Email:wenweizhen2020@163.com。

本科汉语国际教育专业教育与人才培养评价研究*
——基于北京语言大学毕业生的调查

张 黎[1] 王志尚[2]

1 北京语言大学教师教育学院 2 南京市文靖东路小学

提 要 本文基于对 1987—2018 年间的北京语言大学本科汉语国际教育专业 297 名毕业生的问卷调查,分析专业知识体系对就业与深造的影响,以及对专业教育和人才培养的评价。研究发现,北京语言大学该专业毕业生的知识与技能特长突出,综合素质较好。同时也发现该专业在课程设置和实习、实践方面还存在一些问题。

关键词 汉语国际教育 本科 毕业生 评价

一 引言

21 世纪以来,随着汉语作为第二语言教学事业的飞速发展,国内的本科汉语国际教育专业(原对外汉语专业,以下简称"汉教专业")在最近十多年成为高校新增热门专业。2000 年以前开设本专业的高校只有 16 所,到 2010 年就增加到 285 所。根据教育部的专业备案数据,2019 年备案该专业的高校已有 410 多所。作为一个新兴的专业,由于学科基础薄弱,在人才培养及专业知识与技能教育体系上还存在着不成熟的问题。陆俭明(2017)指出,2008 年广泛增设对外汉语专业,其出发点是为了加快培养汉语教师,但是仍然有一些问题没有解决。结合现实情况以及相关的研究成果看,该专业人才培养成果并不理想,主要包括:(1)人才培养目标与定位不明确、不准确,与社会发展不适应(林秀琴 2017;王丹等 2019);(2)人才培养模式及课程设置不合理,培养方案缺乏统一标准(黄河

---

* 本研究得到国家社科基金重大项目(20&ZD311)、教育部中外语言交流合作中心 2021 年度国际中文教育创新项目(21YH007CX5)、中央高校基本科研业务费专项资金北京语言大学重大应用专项(15ZDY04)及教育部中外语言交流合作中心 2021 年《国际中文教育中文水平等级标准》培养课程项目支持。

2017;王丹等2019;涂艳群2020);(3)就业前景不好,对口就业难,实习、实践机会缺乏(郭睿2017;黄河2017;林秀琴2017;涂艳群2020)。虽然以往各级政府教育部门以及所属学校也会进行各种专业评估,但该专业教育和人才培养的质量如何,还缺少全面、深入的考察与研究。要了解专业教育和人才培养质量,受教育者的看法和评价是一个重要的依据,因此本研究以北京语言大学(以下简称"北语")为例对该专业毕业生的专业评价进行调查研究。我们于2017—2018年进行了一次针对北语本科汉教专业历年毕业生的问卷调查,调查本专业毕业生的去向及对专业教育与人才培养的看法等,以深入认识该专业教育及人才培养存在的问题以及改进方向,同时为全国高校该专业的建设与发展提供依据和参考。

北语是最早创办汉教专业的院校(1983年开始试办),历史长,基础好,规模大。该专业也是国家级特色专业,30多年来已经培养了2000多名毕业生,其中很多人成为国际中文教育领域的中坚力量。因此,对北语该专业知识体系对本专业毕业生就业与深造的影响的调查,更具有代表性和典型价值。

二 研究设计

2.1 研究目标

本研究的目标主要是:(1)了解汉教专业教育对毕业生就业与深造的影响;(2)了解毕业生对专业教育及人才培养的意见与评价。

2.2 调查内容

调查的内容包括以下三个方面:(1)本专业毕业生去向;(2)毕业生对专业教育和人才培养对于就业与深造影响的看法;(3)对专业人才培养的评价与建议。

2.3 调查方法

该调查使用问卷网(https://www.wenjuan.com)发布问卷,进行线上调查。被试在手机或电脑上打开问卷链接,在线填答。由于客观条件所限,没有采用随机抽样的方法抽取被试样本。调查问卷于2017年9月发布,2018年11月截止填答。

2.4 数据处理及分析方法

(1)数据处理与定量分析。对于调查结果,直接利用问卷网的数据处理功能进行自动编码、自动分类汇总,利用交叉分析功能进行基本的数据处理和算术统计。

(2)文本挖掘技术。利用内容挖掘系统软件"ROST CM 6.0",对问卷中有关专业培养评价的开放性问题的填答文本进行分词处理、情感分析,并利用Gephi软件(基于JVM的复杂网络分析软件)的语义网络分析功能,分析样本所关注的问题以及对北语及汉教专业的情感认知倾向。

(3)对比分析。将调查分析结果与北语于2019年委托某社会机构针对2014—2017届本校汉教专业毕业生所作的《汉语国际教育专业人才培养分析报告(2019)》(经授权使用,以下简称《报告》)的结论进行对比,并与本调查的结论相互验证。

2.5 样本构成

此次调查共有303人填答问卷,其中有效问卷297份,来自1987年(北语汉教专业首届学生毕业)到2018年共30个年份(1990年、1996年样本缺失)的毕业校友,占毕业生总数的15%左右,其中以21世纪以来的样本数为多,占80%以上。各年度的样本数分布如图1所示。调查样本包括男性55人(占19%),女性242人(占81%)。

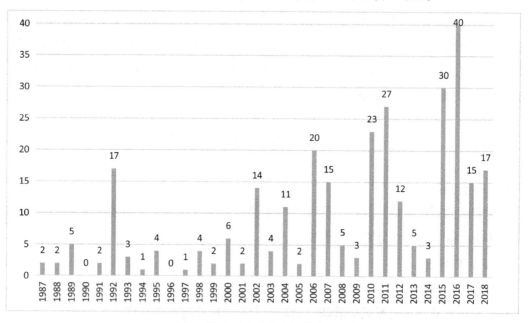

图1 调查样本在各年份分布情况

本调查将被试毕业后的直接去向分为"直接就业、继续深造、其他"三个选项,根据历年被试样本的去向统计,直接就业的有131个,约占44%;继续深造的有164个,约占55%,其他去向的有2个,约占1%。需要说明的是,直接就业与继续深造的比例关系具有历时变化,1987年直接就业占比高达90%,继续深造占比只有10%;而到了2018年,直接就业占比降为28%,继续深造占比上升为66%。这反映出该专业毕业去向的整体趋势,也对该专业教育和人才培养有一定的影响。

三 专业知识体系对就业与深造的影响

调查中设置了有关北语本科汉教专业人才培养体系中专业知识教育对被试职业和教育发展的帮助作用的问题,针对北语汉教专业课程体系设置中的六大模块设置回答选项,让被试评价其对自己毕业后就业和深造的影响程度。这六大模块分别为:普通语言学及汉语语言学、第二语言教学与习得、教育学、心理学、文学与文化、外语技能。回答选项分为"非常大、比较大、说不清、比较小、完全没有"五个等级。下面从就业和深造两个方面对这部分调查结果作介绍与分析。

3.1 专业知识对毕业生就业的帮助作用

这部分的问题是"在本科毕业后你第一次就业时,你认为在北语学过的哪些专业知识与技能对该职业有所帮助",符合该条件的样本共 213 个。统计结果显示(见图 2),外语技能帮助最大("非常大"占 59%),其次是普通语言学及汉语语言学、第二语言教学与习得和文学与文化("非常大"均占 22%),最末两位分别为教育学和心理学(选择"非常大"的分别占 10% 和 3%);将"非常大"和"比较大"两种回答选项合并计算,外语技能仍高居第一位,文学与文化排在第二位,普通语言学及汉语语言学、第二语言教学与习得排在第三、第四位,而教育学和心理学仍然排在第五和第六位。其中,心理学是唯一一个帮助"比较小"和"完全没有"的比例总和超过"非常大"和"比较大"比例总和的模块。

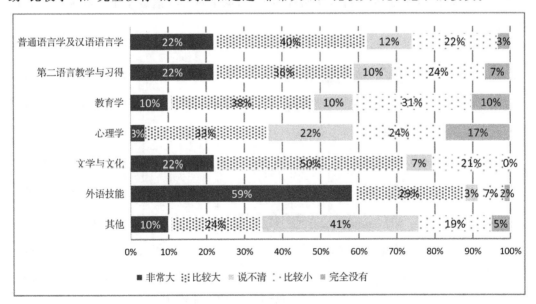

图 2 专业知识对首次就业的帮助作用[①]

以上情况表明：(1)北语汉教专业毕业生在就业时认为外语技能最重要,说明外语技能给其就业带来明显优势,实际上,北语该专业毕业生须全部通过英语专业四级考试,其中又有80%通过英语专业八级考试；(2)文学与文化、普通语言学及汉语语言学、第二语言教学与习得以及教育学这些在校期间学习的知识对其就业也有较大帮助,这跟北语汉教专业本科毕业生从事包括对外汉语教学及相关工作在内的各类教育及相关研究工作的人数较多有关。由图3可知,在首次就业的职业为对外汉语教师及相关研究工作的66个样本中,回答帮助"非常大"的样本数在外语技能这一项的占比(占45%)虽低于整体(59%),但仍居第一位；其次是普通语言学及汉语语言学、第二语言教学与习得,两项的占比都明显高于整体(均为22%),分别为33%和32%；教育学与整体数据(10%)相比略有增加(占14%)；排在最后的是文学与文化、心理学,均占12%,但前者明显低于整体数据(22%),后者明显高于整体(3%)。把选择"非常大"和"比较大"的样本数合并计算,前三位依次是外语技能、第二语言教学与习得、普通语言学及汉语语言学,但数据相差不明显,其中外语技能明显低于整体情况；文学与文化占比下降至第四位,明显低于整体情况；排在第五位的是教育学,占比明显低于整体；排在第六位的还是心理学,占比与整体差不多。教育学和心理学这两项,选择"说不清""比较小""完全没有"的占比较大,说明这两类课程对从事汉语教学及相关研究工作的样本来说并不重要。北语的文学与文化课程中,主要是中国文学与文化方面的,不少人都认为该类课程是新的汉语国际教育专业的核心课程之一(朱红 2017),但从调查结果看,从事对外汉语教学工作的人反而对其并不看重。

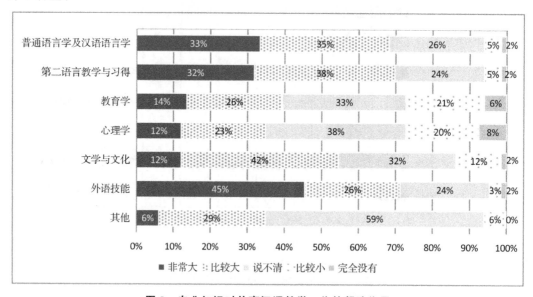

图3 专业知识对从事汉语教学工作的帮助作用

因为毕业生毕业时间横跨 30 多年，其间的社会需求和专业课程及人才培养规格等都有了变化，因此需要观察相关信息的历时变化情况。为此，我们将毕业生毕业时间分为三个阶段：一是 1987 年至 1999 年，即该专业相对比较"冷门"的阶段；二是 2000 年至该专业更名之前的 2011 年；三是该专业更名为汉语国际教育的 2012 年至采样最末年的 2018 年。按以上阶段划分，统计分析有关各类知识对就业的帮助作用的问题中选择"非常大"和"比较大"的样本占同阶段总样本的比例，结果发现所有专业知识对就业的帮助作用都在整体上呈现明显下降趋势，这应该与从事专业对口工作的毕业生越来越少有关。由图 4 可知，只有普通语言学及汉语语言学在第二、第三阶段基本持平，其他专业都呈持续下降的趋势。同样，外语技能在各个阶段都高居第一位，这与前述的整体统计情况一致。而不同阶段各专业知识的排位情况也出现一些变化，其中文学与文化在第一、第二阶段都居第二位，到第三阶段则下降为第三位；普通语言学及汉语语言学在第一、第二阶段都居第三位，到第三阶段则超过了文学与文化，上升到第二位；第二语言教学与习得、教育学、心理学的排位基本没有变化。值得注意的是，除了外语技能在第一和第二阶段的帮助作用占比很高（95% 和 75%）外，其余各时期中各类专业知识的占比都低于 50%，这一现象值得深思。再从历时变化趋势上看，专业知识对就业的帮助作用整体上都呈下降趋势，这说明对就业而言，该专业的相关专业知识作用越来越不重要。以上情况也与毕业生较多从事语言文字相关工作有关。（张黎、王志尚 2022）

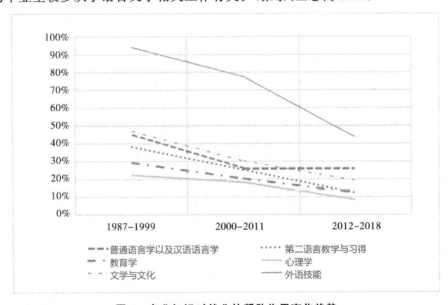

图 4　专业知识对就业的帮助作用变化趋势

3.2 专业知识对毕业生继续深造的帮助作用

由图5可知,在毕业后继续深造的样本中,对六类专业知识选择帮助"比较大"和"非常大"的占比中,外语技能仍高居第一位,普通语言学及汉语语言学排第二,第二语言教学与习得排第三,文学与文化排第四,教育学和心理学分别排第五和第六位。其中,外语技能、普通语言学及汉语语言学、第二语言教学与习得、心理学的占比都明显高于已有就业经历的样本,而文学与文化的占比则明显低于有过就业经历的样本。由此可见,对于继续深造的毕业生而言,外语技能、普通语言学及汉语语言学、第二语言教学与习得、文学与文化四项专业知识更为重要。

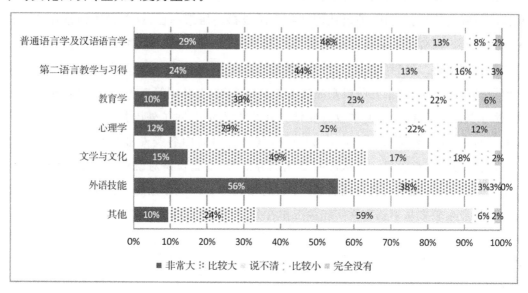

图 5 专业知识对继续深造的帮助作用

从历时情况看(见图6),专业知识对继续深造的帮助作用,回答"非常大"和"比较大"的样本的占比(除外语技能外)总体上比就业的样本(见图5)数值高,并且在各时期的排序上与整体情况基本一致,依次为外语技能、普通语言学及汉语语言学、第二语言教学与习得、文学与文化、教育学、心理学。但在20世纪90年代及以前的阶段,外语技能、普通语言学及汉语语言学、第二语言教学与习得占同时期总样本的比例(80%)一致,也就是说,这一时期继续深造的毕业生视三者为同等重要。之后两个阶段中,只有外语技能、教育学和心理学在第二阶段有所上升,其他都呈整体下降趋势。其中普通语言学及汉语语言学在第二、第三阶段基本持平。相对而言,外语技能、普通语言学及汉语语言学、第二语言教学与习得、文学与文化的占比始终在50%以上,说明这些知识对继续深造的帮助作用比较大。

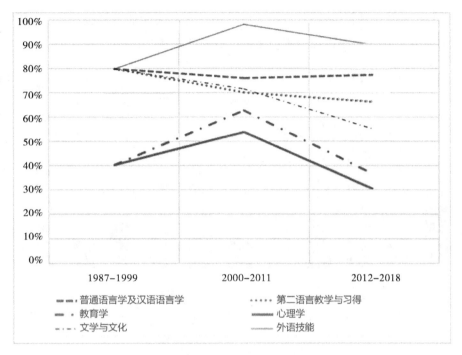

图 6 专业知识对继续深造的帮助作用变化趋势

四 对专业教育与人才培养的评价

此次调查设计了对北语人才培养质量与效果评价的问题,包括对综合素质提高的影响以及对北语及其汉教专业的意见与建议等。调查结果如下。

4.1 北语本科教育对个人综合素质提高的影响

这部分的问题为"你在北语的学习经历,让你个人在以下方面是否有所增强",共设置12个选项,主要参考加德纳的多元智能理论,从智慧、情感、态度、才能、身体、人际交往等方面设计(参见图7),回答选项分为"非常大、比较大、比较小、说不清、完全没有"五个等级。调查结果显示(见图7),除了智力水平、体力与体能和其他外,选择提高"非常大"和"比较大"的样本比例占优,其中,中国语言文字表达能力、认真做事的态度和做事能力三项占比依次排在前三,其他提高"非常大"和"比较大"的素质是人际交往能力、社会责任感、积极的人生态度、健康的情感、自信心五项。但单看选择"非常大"的样本比例,智力水平占比最高(33%),且明显高于其他选项;其次为中国语言文字表达能力;往下依次是认真做事的态度、积极的人生态度、人际交往能力、社会责任感、做事能力、健康的情感、自信心、艺术修养;最低的是体力与体能和其他。这个排序与上述"比较大"和"非常大"占比排序有较大出入,但"非常大"更具有特异性和可信性,因此相对而言,被试对于智力水平的提高感受更强烈,且认为中国语言文字表达能力的提高也比较突出。综合来看,被试对于在北语获得综合素质提高的评价很积极。

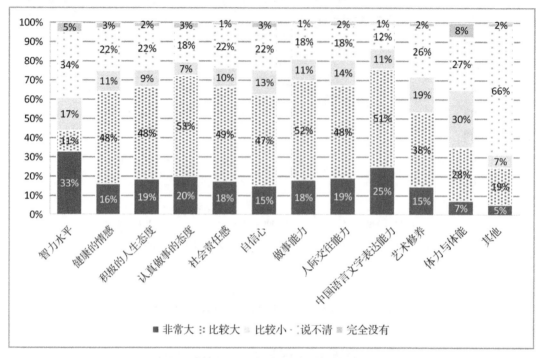

图7　北语本科教育对增强各方面素质的影响

《报告》的调查中有针对"素养"和"通识能力"的28个指标,前者主要针对做事态度,后者主要针对做事能力,两项内容可与我们的调查项目部分对应。其"责任感强、爱岗敬业、勇于承担责任、渴望成功、抗压抗挫能力"和我们的"认真做事的态度、积极的人生态度、社会责任感、做事能力"相关,其"乐于合作、组织与管理能力、组织协调能力、执行能力"与我们的"做事能力、人际交往能力"相关,其"沟通与表达能力"与我们的"中国语言文字表达能力"相关,其"观察能力、逻辑思维能力、学习能力、新知识接受能力、想象能力"与我们的"智力水平"相关。《报告》显示,在28个指标中,北语本科汉教专业毕业生有8个方面的表现明显高于社会需求水平,包括"渴望成功、责任感强、乐于合作、抗压抗挫能力、执行能力、学习能力、新知识接受能力、逻辑思维能力"。这与前述有关综合素质增强情况的调查结果基本上相符,说明北语该专业毕业生在综合素质上有较为突出的方面,也说明北语在人才综合素质培养方面有其特色和优势。

4.2　对在北语本科所受教育的综合评价

为进一步了解被试样本对北语本科教育的评价与建议,我们在问卷中设置了两道开放性问题,分别是"北语本科学习带给你的最大收获是什么"和"你认为北语的本科教育以及人才培养方面存在什么不足"。对回答情况进行分析,我们可以发现其中存在很多共性。

4.2.1 在北语学习的最大收获

该问题共有 238 个样本作答,占总样本数的 80%。为了发现被试的回答内容是否有某些集中的主题和评价,我们将所有的填答内容合并成一个文本,并使用"ROST CM 6.0"对其进行词频分析,找出相对高频的词,之后用 Gephi 软件做出高频词的语义网络图,再对这些词的语义网络(即词与词之间的共现关系及频度)进行分析,找到是否有某些词与其在同一个句子内高频共现。这种语义网络分析可以直观展示被试的评价和看法的分布倾向。分析结果显示,答案中提及频次最高的五个词为"视野、能力、文化、开阔、知识",出现频次依次为 48、36、26、21、20。再对这五个词的语义网络进行分析,发现其中的第一高频词"视野"与第三、第四个高频词"文化、开阔"都形成了最短距离的最高频和次高频共现关系。以"视野"为中心看其语义网络,与其最短距离共现的有 13 个词(见图 8),其中"广阔、开阔、开拓、开放、良好、多元"都是表示积极的评价性词语,"文化、国际化、知识、对外、学习、学术、语言学"都是表示范围和分类的词语。从这些共现关系可以看出,被试认为在北语得到的最大收获是增加了对国际化文化的了解,开拓了知识视野。如果再以"文化"为核心分析语义网络,我们可以发现其最短距离共现词汇有"能力、包容、交际、英语、学习、研究、教学、中国"等(见图 9),这些词汇反映出其所获得的文化内涵。回看回答

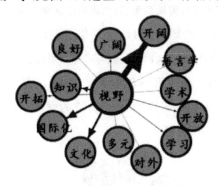

图 8 "视野"的语义网络示意图(连线粗细反映共现频次的高低)

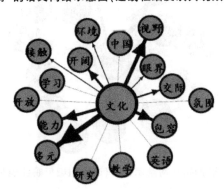

图 9 "文化"的语义网络示意图(连线粗细反映共现频次的高低)

文本，可以发现，其中有相当一部分是关于文化和视野的评价，如"开阔的国际视野、多元文化的包容性、开阔了视野"等，都是这类意义相近的评价。

我们再来分析一下"能力"的语义网络（见图10）。其中两个高频共现的动词是"提高、锻炼"，其余为对能力界定的词汇，其中相对集中的有"英语、语言、文化、学习、视野、交际"等，说明被试认为在这些方面的能力有很大提高，这与前面有关综合素质的调查结果是一致的。以上分析说明北语高度国际化环境伴随而来的文化氛围对学生的影响很大，这也体现出北语人才培养的特色。

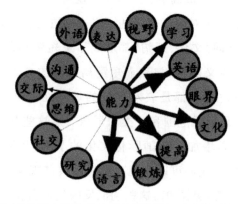

图10 "能力"的语义网络示意图（连线粗细反映共现频次的高低）

最后再看一下第四个高频词"知识"的语义网络（见图11）。与其最短距离共现的高频词主要是"视野、语言学、语言、对外、汉语、教学"等。由此可以看出被试在北语所获得的专业能力主要体现在语言学、对外汉语教学和外语等方面。看具体的回答文本，也可以印证这个分布特点，例如"对专业知识精深且系统的学习、系统的语言学学科知识、良好的英语技能、扎实的中英文功底"等。

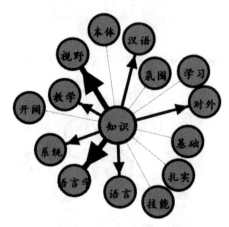

图11 "知识"的语义网络示意图（连线粗细反映共现频次的高低）

4.2.2 对北语及汉教专业人才培养的意见与建议

这部分的问题是"你认为北语的本科教育以及人才培养方面存在什么不足",共有209个样本作答。用"ROST CM 6.0"对回答文本进行词频分析,得出前十位高频词及词频分别为:少(38)、课程(37)、学生(35)、实践(34)、不够(28)、不足(25)、机会(25)、就业(24)、教学(23)、教育(22)。我们通过语义网络分析发现其中"不够、不足、少"与频次相对较高的"缺乏(10)"构成了语义网络中四个最大的核心,这四个词是近义词,常用作否定性评价的成分。它们与上述高频词中的"课程、学生、实践、机会、就业、教学、教育"七个词基本都有最短距离共现关系,且合计共现频次也较高,其中"实践、机会、就业"三个词同时是"少、不够、不足、缺乏"的最短距离共现词(见图12)。也就是说,"不够、不足、少、缺乏"与上述七个词较多地构成"主题—陈述"或"陈述—对象"的关系,所以,由这种语义网络可以揭示出被试的意见和建议所关注的内容和态度。

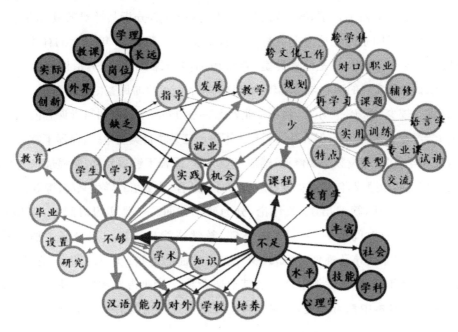

图12 "少、不够、不足、缺乏"的语义网络示意图(连线粗细反映共现频次的高低)

根据上述语义分析,再去考察该题的回答文本,能看出被试所提的意见也相对集中于课程设置、实习机会、就业机会三个方面,提及次数分别为63、47、32。其他意见还有"'四非'院校、管理不完善、通识教育不够、创新能力不足"等(见图13)。

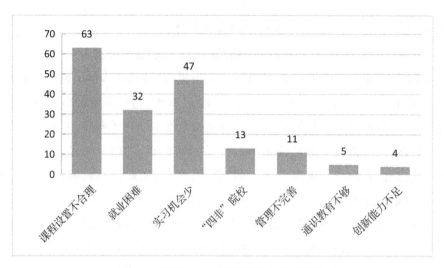

图 13　教育和人才培养方面的主要问题

针对提及最高的两个选项,我们对相关意见进行整理,分析其针对的具体问题。

有关课程设置问题的评论意见共有 28 条,主要集中于 2000 年以后的样本中。按内容可以概括为四个方面。一是课程类型,希望增加实践课程,例如理论课程多,但实践课程少,对外汉语教学实践的课程与活动较少。这与郭睿(2017)的调查结论一致。二是课时设置,专业课课时较少,学习深度不足,例如专业课无法兼顾外语学习及语言学课程的学习,学习深度不足;学习专业较多较全,但有些课程深入不够。三是科目类型单一,课程不够多元化,例如过于偏重文学,建议增设数学必修课;辅修专业太少,课程不够多元化;课程选择太窄,学生视野不够。四是其他建议,包括课程设置应该与时代贴合,注重培养学生兴趣,等等。

在实习机会方面,筛选出 18 条评论,分为两个方面。一是实习时间短,例如专业实践的机会不多,实习时间太短;实习经验不够,教学技能也不够。二是有关职业技能培训,希望多一些就业指导及规划,例如缺少和工作方面的连接;实习时间短,方式简单;缺少对职业的指导和规划,对除教学之外的其他职业缺乏就业指导和实习机会。这部分意见在三个阶段的样本中都有提及,说明实习实践不足是长期以来受关注的问题。

五　结论与建议

通过此次调查,可以发现北语本科汉教专业毕业生以及专业教育和人才培养方面的特点和一些问题。

5.1　毕业生的综合素质情况

5.1.1　专业知识与技能特长突出

调查结果显示,北语本科汉教专业毕业生在语言学、语言及其他类教育、外语及跨文化交际领域的专业知识和技能收获较大,对其就业和深造起到的积极作用也较大。这点从《报告》的分析结果中可以得到印证,其调查结论显示北语该专业 2014—2016 年毕业生的教学与研究、国际教育、跨文化交际、英语四种能力的擅长比例明显高于市场需求(见图 14)。这说明北语本科汉教专业毕业生在上述几方面的专业知识和技能上表现比较突出。

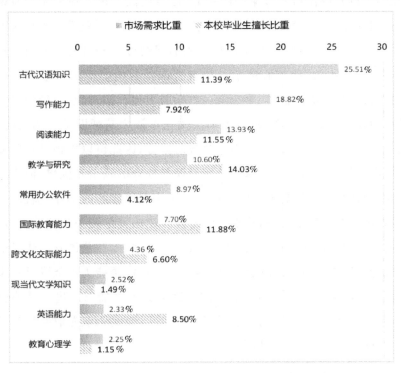

图 14　北语汉教专业毕业生专业能力与社会需求比重对比

5.1.2　综合素质较好

从我们的调查以及《报告》的研究均可看出,北语本科汉教专业毕业生在国际化视野、语言文字表达能力、逻辑思维能力、责任感、学习能力、抗压抗挫能力、执行能力等方面的素质较好,因此获得的社会评价也较好。据《报告》的调查,就业单位对北语本科汉教专业 2014—2016 年毕业生的满意度居于全国本科高校前 5%,两年平均工资也在全国本科高校中处于前 5%。

综合来看,北语本科汉教专业毕业生具有良好的国际视野、高度的社会责任感、认真做事的态度、强大的学习能力、良好的文字表达能力、出色的外语及跨文化交际能力、系统扎实的语言学及语言教学知识,专业教育与人才培养的效果能够适应社会需求,有较强的市场竞争力。可以说北语的专业教育与人才培养总体上是成功的。

5.2　问题与建议

该调查也反馈出一些问题,除了与全国该专业面临的共同的就业难之外,主要存在的是课程设置、专业实践及综合素质方面的问题。

5.2.1 关于课程设置

调查发现2012年以后该专业本科毕业生对专业知识作用的评价基本上低于此前阶段,这说明北语汉教专业在知识与课程体系上,可能还没有很好地适应新时期就业与深造的需求。在问及北语本科教育和人才培养方面的不足时,课程设置被提及63次,远远超过居第二的实习机会(47次)。有关课程设置的问题可以分为两个方面:(1)个别课程对就业和深造的帮助不大,比如心理学;(2)有些课程的内容不能满足就业或深造的需要,包括普通语言学及汉语语言学、第二语言教学与习得。按道理,心理学对任何从事教育实践和研究的人来说都是必学知识,但本次调查中认为其帮助不大的人较多,这说明该课程的教学内容和方法等可能存在需要改进的地方,因此可以增强其对就业与深造的针对性。普通语言学和汉语语言学课程是北语汉教专业的强项和优势,但不少被试仍认为应该增加此方面的内容,且需要加深。这主要因为继续深造的毕业生较多地集中在语言学领域,需要更强的语言学功底,特别是到海外攻读语言学相关学位的人,需要学习与国外同类专业对接的课程和知识。而在汉语语言学方面,虽然北语有古代汉语的必修课及相关选修课,但《报告》反馈的却是该专业毕业生的古汉语能力不能满足社会需要。这说明古代汉语课程与教学应该在提高学生的实际能力方面加以改进。另外《报告》反映北语毕业生的中文写作能力擅长比重也低于市场需求,而北语该专业并没有设置专门的写作课,因此应重视对写作能力的培养。

5.2.2 关于实习、实践机会

调查中相当一部分人反映应该加强对外汉语教学方面的课程,具体集中在实际操作训练不够,前面有关存在问题的调查中,排在第二位的也是实习机会问题。这都反映出北语对外汉语教学实践方面的培养不能满足毕业生需要。而第二语言教学与习得课程是该专业的核心课程,说明北语在这方面确实存在着不足。实际上,该专业的学生统一安排的教学实习时间短,上讲台实习的时间非常有限。同时,目前也缺少课堂上的演练或案例观摩等实践指导,这与课程负担过重、学生考研比例大有关。但无论怎样,增加实践机会、丰富形式、加强实操指导等确是有待解决的问题。

5.2.3 全面提高综合素质

从本次调查及《报告》的调查结果看,虽然北语本科汉教专业毕业生的综合素质较高,但也存在着明显的弱项,如体质体能、艺术才能、积极主动精神、吃苦耐劳等。同时在专业知识的设置上,也存在各专业知识对就业的帮助作用比较有限的问题。这些都是北语今后教育和人才培养中应该注意和加强的方面。

注　释

① 图中部分分项比例总和为 99％或 101％,系四舍五入缘故。下同。

参考文献

郭　睿(2017)对外汉语专业学生专业承诺与学习倦怠关系的个案研究,《汉语国际教育本科专业建设研究——2013 年全国高校汉语国际教育/对外汉语本科专业建设研讨会论文选》(程娟、施家炜主编),75-85 页,北京语言大学出版社。

黄　河(2017)对外汉语专业的性质与发展途径,《汉语国际教育本科专业建设研究——2013 年全国高校汉语国际教育/对外汉语本科专业建设研讨会论文选》(程娟、施家炜主编),23-31 页,北京语言大学出版社。

林秀琴(2017)汉语国际教育本科专业的困境与改革创新,《汉语国际教育本科专业建设研究——2013 年全国高校汉语国际教育/对外汉语本科专业建设研讨会论文选》(程娟、施家炜主编),43-52 页,北京语言大学出版社。

陆俭明(2017)汉语教师培养之我见,《国际汉语教育(中英文)》第 3 期。

涂艳群(2020)面向"一带一路"的多层次汉语国际教育人才培养研究,《郑州铁路职业技术学院学报》第 1 期。

王　丹、吉晓光、冯学民、李　琳(2019)高校汉语国际教育本科专业创新型人才培养模式研究,《河北北方学院学报(社会科学版)》第 6 期。

张　黎、王志尚(2022)本科汉语国际教育专业毕业生去向及相关情况调查——以北京语言大学为例,《国际汉语教学研究》第 1 期。

朱　红(2017)基于《普通高等学校本科专业目录和专业介绍》的汉语国际教育专业本科课程体系探索,《汉语国际教育本科专业建设研究——2013 年全国高校汉语国际教育/对外汉语本科专业建设研讨会论文选》(程娟、施家炜主编),301-307 页,北京语言大学出版社。

作者简介

张黎,北京语言大学教师教育学院教授,汉语教育研究所所长,研究方向为国际中文教育、商务汉语及教学、社会语言学。Email：jmx01@blcu.edu.cn。

王志尚,南京市文靖东路小学教师,北京语言大学硕士,研究方向为汉语作为第二语言教学。Email：1151406680@qq.com。

从澳大利亚语言政策演变看中小学外语教育的发展

——以维多利亚州中小学外语教育实践为例

韩 曦

北京大学对外汉语教育学院

提 要 澳大利亚虽然是一个移民国家,有着丰富的语言文化资源,但在20世纪70年代之前,联邦政府一直没有出台过明确的语言政策。从70年代中期开始,随着世界政治经济格局的发展变化,澳大利亚的语言政策也从最初以营造安定和谐的社会环境,帮助移民尽快掌握英语,适应新的生活为目的,逐渐发展到今天鼓励学生除英语之外,再学习第二、第三门外语[①],提高自己跨文化交际能力,以适应社会发展的需求。在联邦政府的政策引导下,澳大利亚中小学学习外语的人数近年来呈上升趋势。维多利亚州作为一个教育大州,外语教学在全澳有引领示范作用。虽然其学习中文的人数目前处于领先地位,但仍然有进一步上升的空间。国际中文推广在澳大利亚任重道远。

关键词 澳大利亚 语言政策 外语教学 中文教学

一 引言

在澳大利亚这块土地上早先主要居住着原住民和欧洲移民。由于历史和地理原因,其语言和文化发展轨迹呈现出由多元到单一再到多元的特点。在欧洲人踏上这块土地之时,澳大利亚原住民的语言就有200~250种。当第一批英国人踏入澳大利亚,使之成为英国殖民地后,英语在澳大利亚便被广泛使用,欧洲文明与原住民的文化交织并存,纷繁多彩。19世纪50年代,新南威尔士南部等地发现了金矿,吸引了世界各地的劳工前来淘金,欧洲移民人数迅速增加,中国人也成为继英国和德国之后的第三大移民群体。由于大量有色人种涌入,澳大利亚联邦政府开始实行种族歧视的"白澳政策"[②],英语成为澳大利亚唯一官方语言,并明确规定移民澳大利亚均需通过英语测试。联邦政府的单语主义政策,使得澳大利亚丰富的语言资源迅速萎缩,许多土著语言甚至消失。第二次世界大战之后，世界政治格局的变化，特别是移民的大量涌入迫使联邦政府在1972年废除《1901年移民限制法案》(Immigration Restriction Act 1901)，并在1975年颁布了《1975年种族歧视法案》(Racial Discrimination Act 1975)。从此，种族歧视成为一种真正意义的违法行为，单语主义政策也因此开始松动。

进入20世纪80年代，为适应社会发展的需要，联邦政府在经过多次调整修改后，于1987年出台了《国家语言政策》(National Policy on Languages)，并配套实施了一系列语言培训项目，鼓励新移民传承各自的母语和文化，帮助他们尽快融入新环境、适应新生活，其根本目的是要营造安定和谐的社会。随着世界经济的发展，特别是亚洲经济的腾飞，位于浩瀚的太平洋，紧邻亚洲的澳大利亚越来越强烈地意识到掌握外语知识、具备跨文化交际能力关系到国家的前途与命运。在这样的大背景下，联邦政府对其语言政策作出了调整，其出发点也从强调营造安定和谐社会向经济发展倾斜。培养年轻一代澳大利亚人掌握外语技能及跨文化交际能力成为澳大利亚语言政策的重要内容和根本依据。澳大利亚各级政府和教育主管部门通力合作，对中小学外语教学开展了全方位的支持和指导，其中包括拨付财政经费，对外语教师进行岗中培训，组织专家编写教学大纲及教学参考资料，等等。经过多年努力，澳大利亚外语教学虽然有过波动，但依然取得了一定的成绩，尤其是近几年，学习外语的人数有了较大幅度的增长。从各州的情况来看，维多利亚州的成绩较为突出，也更具有代表性。然而，由于一些长期积累的问题，澳大利亚中小学外语教学实际情况与联邦政府制定的目标愿景还有较大差距。中文作为近年学习者人数增长最快的一门外语，机遇与挑战并存，这也许正是中文国际推广应该抓住的大好时机。

二　澳大利亚语言政策的演变

语言政策关系到一个国家政治、经济、社会和国际关系的方方面面。从严格意义上说，澳大利亚在20世纪70年代以前没有一个明确的语言政策。由于约占总人口72%的人主要或只会英语，而且政府机构及大多数单位将其作为工作语言，英语理所当然就成了官方语言。第二次世界大战后，移民的大量涌入使得澳大利亚语言政策出现了一些变化。这种变化大致可以以20世纪70年代中期为界，分为两个阶段，即70代之前的"自由放任期"(laissez-faire phase)和70年代中期开始的"多元文化期"(multicultural phase)。因为在70年代之前，无论是联邦政府还是州政府都没有出台任何法律条文来限制或鼓励某种语言的使用，也没有对移民的母语或将英语作为第二外语来学习有任何具体要求。20世纪60年代末至70年代初，联邦政府为了营造安定和谐的社会，开始鼓励移民子女学习英语。1971年,联邦政府通过了《1971年移民(教育)法》(*Immigration (Education) Act of* 1971),并开始实施对移民子女英语教育的"儿童移民教育项目" (Child Migrant Education Program)。20世纪六七十年代席卷全美的民权运动也波及了澳大利亚,民众对语言的使用提出了"权利均等"(rights-equality)的诉求。正是在这样一个大背景下,澳大利亚从70年代中期开始,出现了延续至今的多元文化期。

澳大利亚政府语言政策的雏形始于20世纪70年代末,是在墨尔本律师弗兰克·盖勃利(Frank Galbally,1922—2005)建议下出台的一些帮助移民掌握英语的措施。70年代,欧洲移民数量下降及亚洲和南美洲移民数量逐年上升,使得澳大利亚的语言和文化呈现越来越多样化的特征。由于语言障碍,这些新移民也带来了诸多社会问题。为了使他们尽快融入社会,有归属感,盖勃利在1977年向政府谏言,对非英语国家的移民开展语言培训,以使他们能尽快找到工作,适应新生活,并享有与其他居民同等的权利,这就是历史上的《盖勃利报告》(*Galbally Report*)。在盖勃利的建议下,政府在随后的三年间拨款5000万澳元建造移民服务中心、建立语言学校等,1979年在伍伦贡附近建立的肯布拉港小学就是其中之一。由此可见,澳大利亚早期出台语言政策的目的是营造一个多元文化和多语言并存的和谐社会,其方法是鼓励移民传承自己的母语和文化,帮助移民及其子女学习英语。这一政策的初衷奠定了其语言政策的核心,并造就了澳大利亚语言多元化的局面,各届政府之后根据各州的实际情况及社会发展的需求,进行适时调整。

进入80年代中期,虽然出现了有关"权利均等"和"多元文化"的争论,争论的焦点也有所不同,或强调少数族裔的语言及英语教学,或注重社会多元化及社会和谐,但结果却均对澳大利亚的外语教学产生了积极影响,其中最直接的效应是1984年10月,联邦政府从国家层面对多元化的语言发展与合作给出以下4种指导意见(Chamberlain 1985): (1)提高公民的英语能力;(2)维护和发展英语之外的其他语言;(3)为除英语之外的其他语言提供服务;(4)为在校学生提供学习第二语言的机会。这些举措均为澳大利亚语言政策的正式出台作了很好的铺垫与准备。

1987年5月4日,澳大利亚参议院通过了《国家语言政策》,这是澳大利亚历史上第一个关于语言政策的文件。文中在对澳大利亚现有语言状况进行回顾与分析后,明确指出澳大利亚因地理环境和政治经济发展的需要,应该选择一些语言在全国范围内推广,因为无论是出于教育、心理、家庭,还是社会、经济、地缘政治的需要,澳大利亚人都需要学习并了解其他语言。因此,"在学校里开展第二、第三语言的教学就显得尤为重要" (Bianco 1987,8)。从此,澳大利亚联邦政府除了继续鼓励移民学习英语,强调传承其语言文化对社会和谐的作用外,还开始强调学习外语对澳大利亚社会经济发展将产生积极的作用。文件中明确表示,将致力于提高年轻人的外语能力,并出于国家利益的需要,鼓励移民后代和具有双语或多语能力的年轻人强化外语学习。联邦政府希望弥补过去因对澳大利亚丰富语言资源的忽略而造成的损失,使澳大利亚的文化和经济有一个新的飞跃。

在随后的几个月中,联邦政府密集出台了一系列与之配套的预算方案及有关移民和种族事务的政策法规,对语言政策的有效落地形成了强有力支撑,也为澳大利亚土著语言、少数族裔语言及英语作为第二语言教学提供了指导。在1987年12月,新一届联邦政府不仅承认前一届政府的政策与预算,还专门成立了澳大利亚语言与多元文化教育咨询委员会(the Australian Advisory Council on Languages and Multicultural Education,简称 AACLAME),具体指导澳大利亚的语言与文化教育。

1989年4月,澳大利亚各州、领地和联邦政府的教育部在霍巴特召开第60届澳大利亚教育委员会大会。会议一致同意澳大利亚各级教育主管部门联合起来,为提高澳大利亚基础教育质量共同努力,《霍巴特宣言》(*The Hobart Declaration on Schooling*)出台。《霍巴特宣言》在澳大利亚教育史上具有里程碑的意义,因为宣言中所提出的国家目标为澳大利亚21世纪基础教育跻身世界先进教育行列指明了方向。虽然它的目标并不十分成熟与完善,但教育部部长们指出了澳大利亚中小学课程设置存在的问题,并明确将提高全体学生的英语读写能力和计算能力,以及培养学生除了英语以外的其他语言的能力作为澳大利亚基础教育的重要内容。从此,澳大利亚的基础教育开启了改革的浪潮,澳大利亚教育质量的提升进入了快车道。

《霍巴特宣言》出台后的几年中,澳大利亚教育、职业、培训及青年事务部长理事会多方征求意见并在历届年会上进行讨论,于1998年4月再次发布国家目标和各方所要实现的具体要求的讨论稿。部长们相信,国家目标的提出,将"在我们迈向21世纪之际,为我们后代的教育指明方向"(MCEETYA 1998,4)。这份讨论稿还明确提出要培养学生掌握除了英语以外的其他语言知识,指出每一个学生都应该具备了解其他文化的能力和知识,具有在相同价值观的框架内尊重他人选择语言和文化的权利。教育部部长们相信,学习外语,能开阔澳大利亚人的视野,并让澳大利亚受益。因此,澳大利亚的学校要为全体在校学生提供高质量的外语教学。正是在这一明确目标的指导下,联邦政府和各州及领地的教育部开始着手制定长期的和短期的外语教育规划及外语教学大纲,从政策和资金上为高质量的外语教育保驾护航。

之后,澳大利亚教育、职业、培训及青年事务部长理事会又出台了《阿德莱德宣言:21世纪学校教育国家目标》(*The Adelaide Declaration on National Goals for Schooling in the Twenty-First Century*)和《墨尔本宣言:澳大利亚青年教育目标》(*Melbourne Declaration on Education Goals for Young Australians*),其目标也越来越明确和具体,即要培养适

应21世纪的,具有丰富知识和创新能力的新一代年轻人,而这一切的实现离不开一个开放包容、愿意接纳和学习其他文化的大环境。澳大利亚的语言政策发展到21世纪,其出发点已经从最初的营造和谐社会、帮助移民适应来到澳大利亚后的新生活演变成为澳大利亚经济发展和国际交往培养年轻人,为澳大利亚国家战略服务。这种转变无论是在《澳大利亚语言教育声明:澳大利亚语言教育规划(2005—2008)》[*National Statement for Languages Education in Australian Schools*;*National Plan for Languages Education in Australian Schools (2005-2008)*]还是在2012年发表的《亚洲世纪中的澳大利亚》(*Australia in the Asian Century*)白皮书中均多次明确地表述过。

三 国家语言教育规划

澳大利亚教育界人士早在20世纪90年代就迫切感受到这是一个瞬息万变的时代。他们清楚地认识到飞速发展的信息与通信技术拉近了人与人之间的距离,传统意义上的地域概念已悄然发生变化。在这样一个大背景下,21世纪的教育,特别是语言教育就应该与时俱进,培养学生适应和应对这种变化的能力。除了要向他们传授必要的知识外,更重要的是要培养他们具备理解和包容的态度,这是他们将来参与国家和国际事务所必备的技能,是未来事业成功的保障,而这一切的实现离不开外语知识和技能。外语知识与技能和跨文化交际能力是年轻人通向世界的敲门砖和钥匙,是新的世界秩序的通行证。

英语是澳大利亚的官方语言,也是国际交往中最重要的语言之一,但学生仅仅具备英语知识与技能是远远不够的。在这个语言和文化日益多元的世界里,越来越多的人已经意识到学习外语的重要性,越来越多的人开始学习第二、第三门外语。能够用外语进行交流沟通的人也越来越多。澳大利亚的教育主管部门基于其自身多元文化的历史背景以及它所处的地理位置,迫切感受到传授年轻人外语知识,特别是亚洲语言和文化的重要性。因此,有必要对澳大利亚外语教育进行规范和指导,以使年轻人能更好地适应未来国家和个人职业发展的需要。

全球化程度越来越高,语言教育与不同文化间的相互理解密不可分。将外语学习与跨文化理解能力的培养紧密结合起来不仅有助于学生更好地了解他们身处的世界及不同文化间的异同,更好地进行跨文化交际,也有助于开阔视野,并从多元文化的角度反观自己的语言和文化,从而对自己的语言和文化有更好的认同感。然而,由于澳大利亚大规模开设外语课的历史不长,加上学校被赋予更多的自主性,以及缺乏国家层面的统一部署和规划,澳大利亚的外语教学在21世纪之前基本上处于没有统一规划和指导的混乱局面。根据澳大利亚教育、职业、培训及青年事务部长理事会2003年的调查报告,有近一半的学生在学校学习外语,而教授的外语竟多达146种,其中包括了68种澳大利亚原住民的语言。日语、意大利语、印度尼西亚语、法语、德语和汉语是在校学生学习人数最多的外语,超过90%的外语学习者在学习其中一种。而合格外语教师及教学资料短缺、学习缺乏延续性、课程设置及学校的各种保障措施跟不上等问题均影响了学习效果。

为了让澳大利亚的基础教育实现质的飞跃,澳大利亚在21世纪初出台了《澳大利亚语言教育声明:澳大利亚语言教育规划(2005—2008)》。文件指出,澳大利亚外语教育面临的挑战不仅是让全国每一所学校的学生都体验"有质量的外语教学",而且是如何"进一步整合高质量的外语教学,使之进入主流课程,到每一所学校的外语教学中"(MCEETYA 2005,4)。学习外语不仅能提高学习者的智商,增强他们的教育和文化涵养,培养他们跨文化交际的能力,进一步保护和发展澳大利亚现存的语言和文化资源,还有助于澳大利亚的国家战略、经济发展和国际交往,也为个人的职业发展提供了广阔的前景。为此,澳大利亚联邦政府呼吁各州的教育部联合起来,对包括师资培训、资料开发在内的六个领域进行资源整合,指导各州、各学校努力将外语教学质量搞上去。

澳大利亚联邦政府如此强调外语教学,并将外语教学纳入国家目标,在很大程度上是出于对澳大利亚未来经济发展的考虑,是为了使年轻人能够更好地适应未来,参与并融入全球的发展。而在众多的语言中,澳大利亚政府更是提出重点学习亚洲语言的建议。2012年发表的《亚洲世纪中的澳大利亚》白皮书中明确指出,近年来亚洲的崛起为作为亚洲近邻的澳大利亚提供了发展的机会,各级政府、企业、联合会及广大民众应该抓住机会,将澳大利亚建成一个更加繁荣、抗风险能力更强的国家。为此,白皮书制定了到2025年的国家目标和发展路径。在语言教育方面,"鼓励所有澳大利亚学生在学校教育阶段把握机会,坚持不断地学习一门亚洲语言课程",并将中文(即普通话)作为优先级别的亚洲语言。(Henry 2012)

为了指导中小学开展外语教学,联邦政府出台了一系列规划与方案,其中包括《语言教学:指南》(*Teaching and Learning Languages: A Guide*)。这份为全国外语教师提供指导和帮助的材料是在经过大量的课堂观察之后形成的,并融入了现代外语教学理念。它鼓励并要求教师不断进行自我反省,在教授学生外语的时候,对教学方法和教学内容有全局观,并在教学过程中不断完善和改进。教师作为外语教学活动中的重要角色,只有对自己的职业技能有充分的理解和掌握,才能胜任这项工作。因此,《语言教学:指南》也引导外语教师关注在瞬息万变的世界中如何理解和适应不断改变的教学理念、方法和内容,并将澳大利亚的外语教学与世界外语教育进行比较,以期外语教师们能够与时俱进,融入外语教学全球化的大潮。

《澳大利亚课程大纲的基本情况：语言》(*The Shape of the Australian Curriculum : Languages*)是另一本指导澳大利亚中小学进行外语教学的书。澳大利亚教育主管部门希望它能在各级教育机构和学校制定课程大纲时发挥指导作用，从而使全体在校学生都参与到外语学习中来。因此，它更多地强调外语学习的重要性，强调外语学习与跨文化交际的关系，并从学习者角度出发，对澳大利亚外语课程设置时间、内容以及学习效果等给出了指导，如针对小学汉语学习者的课程大纲就有《澳大利亚课程大纲：语言—中文—第二语言学习路径，7—10年级草案（7年级开始）》[*Australian Curriculum : Languages-Chinese-Second Language Learner Pathway, Draft Year 7-10 (Year 7 Entry)*]。澳大利亚中小学的外语教育在各级政府的支持和指导下，都取得了长足发展，无论是学习者的人数还是教学质量，都有所增加或提高。

四　维多利亚州外语政策及中文教学

澳大利亚由于其联邦政治体制，各州对其辖区内的各项行政事务拥有绝对话语权，在教育方面亦是如此。我们现以维多利亚州为例，分析其外语政策、外语教育的发展状况，以及中文教学现状，希望通过维多利亚州外语教学的起伏变化，窥视澳大利亚外语教学的全貌。

维多利亚州是一个语言文化多元化发展的地区。根据维多利亚州教育部的统计数据，当地居民使用的语言多达200种，超过40%的维多利亚州人的父母中有一方是移民（DEECD 2013,7），而其外语教学应该说是全澳最佳、学生参与度最高的一个州，虽然学习者人数有起伏。根据维多利亚州教育部的统计，在1997年维多利亚州公立中小学开设外语的数量分别为99%和97%，但是这一数字在2012年降到了最低点，分别是86.5%和60.1%；维多利亚州小学生学外语的人数从258,331降至181,504；但从2013年开始出现了回升，在社区语言机构学习外语的学生人数也有小幅增加。这组数字升降背后的原因是多方面的，也是复杂的，不在本文的探讨范围之内，但有一个不容忽视的因素，即与维多利亚州政府的政策有关。

随着全球化进程的加快，鉴于澳大利亚日益增多的自由贸易协议的签订，以及亚洲到2050年将为澳大利亚提供51%的GDP的预期（DETE 2014,3），越来越多的澳大利亚公司会雇佣具有双语能力和跨文化交际能力的雇员，以提高其国际市场的竞争力。研究报告显示，外语教育不仅有助于学生今后的学术生涯，还对他们的母语学习及解决问题的能力有所帮助，并能提高其跨文化交际能力。更重要的是，外语教育有助于社会和谐，促进维多利亚州不断增强的全球化与出口型经济的持续发展。为此，维多利亚州政府在

2011年出台了《维多利亚州政府语言教育蓝图》(The Victorian Government's Vision for Languages Education),明确提出学校提供的外语学习机会不只是为学生提供的一个额外的选择,而是学校课程大纲中的一个基本内容的理念。具体目标是到2025年,所有的公立学校都要为学前班到10年级的学生开设外语课程。

为了实现上述目标,维多利亚州教育部制定了四项基本原则,它们分别是:参与、质量、多样及合作。所谓"参与",即所有公立学校从学前班到10年级都要为学生提供学习外语的机会,无论学生家庭文化背景如何,学校规模大小,交通是否便利;"质量"指学校要通过各种方式为学生提供高质量的外语课程;"多样"是指学校根据自身情况决定所开设的语种;"合作"则指学校应该利用一切有效资源,加强与各方的合作,包括私立学校和语言学校等。

在这四项原则的基础上,政府制定了短期目标和长期目标。例如,2015年,所有公立学校的学生都要从学前班开始学习外语;到2020年,60%的6年级学生的外语要达到一定水平,40%的10年级学生的外语要达到一定水平,25%的11、12年级学生要选修外语课程;到2025年,外语学习将成为每一位学生的必修课程。此外,维多利亚州政府还不断出台各种宣传和指导方案,鼓励学校、家长和各种相关的社会团体参与其中。这类文件就包括了《维多利亚州儿童早期教育与发展指导框架:从出生到8年级》(Victorian Early Years Learning and Development Framework: For all Children from Birth to Eight Years),为儿童的外语教育提出了具体的指导方案和建议。

为了实现2025年的目标,政府组织各方力量,指导学校开展高质量的外语教学,其中包括组织专家开展调研、在全州推广优秀外语课程教学案例、号召邻近学校共享资源、鼓励学校开展课程与语言综合学习(Content and Language Integrated Learning,简称CLIL)项目、为外语教师提供奖学金进修外语,以及提供语言助教等,并为此提供资金。例如,从2011年开始,为社区语言学校每一个学生提供120至190澳元的经费支持,并从2011/12年财政年度开始之后的四年间,为社区学校提供1630万澳元的经费用于提高社区语言学校的教学质量。(DEECD 2011)正是在经费保障和政策支持下,维多利亚州的外语教学有了起色。

维多利亚州教育部2019年发布的《维多利亚州公立学校语言报告,2019》(Language Provision in Victorian Government Schools, 2019)提供的数据显示,2019年,88.6%的公立学校开设了20门外语,外语学习者的人数达到432,044人,是学生总人数的70.2%。而其中,中文学习者人数位居榜首,共85,885人,占外语学习者总数的19.8%。此外,还有2,631位学生报名参加了短期试读班,有近2万名学生参加了各种课外外语辅导班或网上外语学习项目,语种多达73种。而这二十多年的变化,从图1便可以清晰地看出。

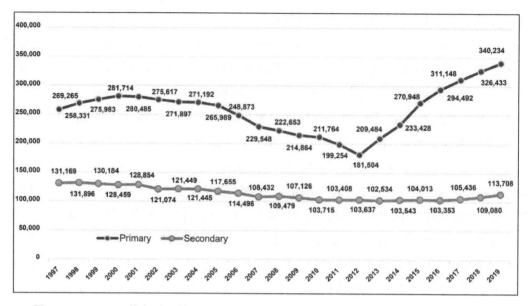

图 1　1997—2019 维多利亚州公立学校及维多利亚州语言学校学习语言的学生数量变化①

中文作为 2018 年公立学校学习人数最多的一门外语,在近几年出现快速增长,但澳大利亚中文学习者的背景较为复杂。由于历史等原因,澳大利亚尤其是维多利亚州的华裔较多,加上澳大利亚教育资源丰富,很多中国家长在子女上高中,甚至还在上初中的时候就将他们送到澳大利亚留学。为了提高进入大学的分数,这些华裔和小留学生们纷纷将汉语作为选修课程;除此之外,也有一些澳大利亚儿童在中国生活学习过。如果将这些有中文背景,或在中国学习生活过的学生与那些从零开始的学生放在同一起跑线上,必然会挫败那些零起点学生的积极性。为了解决这一问题,维多利亚州教育部近年对中文学习者作了较为严格的区分,将中文学习者分为"第二语言学习者"(second language learner)、"有中文背景学习者"(background language learner)和"第一语言学习者"(first language learner),并以此为依据,为不同语言背景的学习者分别制定了不同的教学大纲,提出了不同的要求和目标。其目的就是鼓励更多的非中文背景的学生学习中文,最大限度地发挥语言作为不同族裔和文化背景的人群之间相互交流的工具的作用,更好地理解语言、文化与学习三者之间的关系,提高学习者跨文化交际的能力。

为了保证外语教学质量,维多利亚州教育部明确规定,只有获得资格证书的外语教师才可以教授外语。据统计,2019 年维多利亚州 285 名中文教师承担了 269 所学校的 85,885 名学生的中文教学任务,其中 189 所小学、21 所私立学校、59 所高中,以及 33 家周末培训机构。2019 年,1,496 名高中学生完成了 12 年级的中文学习。

为了提高外语学习者的学习质量,维多利亚州教育部也在各校自愿的基础上,因地制宜,采取了各种行之有效的方法。除了将一门外语,如中文,作为独立课程外,一些学校还采用了课程与语言综合学习和双语教学的方法。前者选定某一科目,如科学,用中文进行教学。在内容上,学生所学的是科学课的知识,但授课的语言基本上是中文。后者是将英语和目的语作为这个学校全部课程的教学用语。维多利亚州目前有 12 所公立学校是双语学校,其中有两所学校将中文作为其目的语之一,它们分别是阿伯茨福德小学(Abbotsford Primary School)和西里奇蒙小学(Richmond West Primary School)。

表 1　2013—2019 年中文学习者人数变化

Schools（学校）	2013	2014	2015	2016	2017	2018	2019
Primary Schools（小学）	29,760	39,994	50,891	58,397	61,973	66,075	69,338
VSL Primary（维多利亚州语言学校小学部）	1,345	1,306	1,553	1,816	1,884	2,074	2,237
Secondary Schools（中学）	8,189	9,526	10,764	11,259	12,810	12,530	13,074
VSL Secondary（维多利亚州语言学校中学部）	1,259	1,235	1,232	1,244	1,232	1,364	1,236
Total（总计）	40,553	52,061	64,440	72,716	77,899	82,043	85,885

从表 1 可以看出,学习中文的学生主要集中在小学。中学中文学习者的数量虽然近年呈现上升趋势,但在 2018 年有所回落。虽然我们目前无法判断造成这一现象的真正原因,但有一点是可以肯定的,即学习者对于学习哪种外语有绝对自主的选择权。因此,如何在国外教育主管部门的政策框架内,切实有效地与当地的专家和本土中文教师一道,保持和提高中文学习者的热情,让从小学就开始学习中文的学生将中文科目坚持到高中毕业,如何培养懂中文、喜欢中国文化的年轻一代,也是我国从事中文国际推广工作的专家学者应该认真思考的。特别是近年来中国与东盟十国,以及日本、韩国、澳大利亚和新西兰签署的《区域全面经济伙伴关系协定》(*Regional Comprehensive Economic Partnership*,简称 RCEP)在造就全球规模最大的自由贸易区的同时,也为中文在澳大利亚的传播和推广提供了有利的发展空间,必将为澳大利亚的中文推广工作带来新的机遇和挑战。

注 释

① 本文中"外语"指除了英语之外的其他语言。澳大利亚官方文件中多用"languages"。
② 白澳政策(White Australian Policy),全称为"白人澳大利亚政策"。19世纪50年代,澳大利亚殖民者担心大量廉价劳动力的涌入会造成澳大利亚白人生活质量的下降,从19世纪60年代开始出台了一系列限制移民的法案,主要针对中国人,进而针对日本、南亚及南太平洋岛国等移民,并在1901年正式出台了《1901年移民限制法案》。1973年,白澳政策被废除。
③ 图1、表1参见澳大利亚维多利亚州教育部网站,https://www.education.vic.gov.au。(访问日期:2021年8月24日)

参考文献

Australian Curriculum, Assessment and Reporting Authority (2011) *The Shape of the Australian Curriculum: Languages.*

Australian Curriculum, Assessment and Reporting Authority (2012) *Languages-Chinese-Second Language Learner Pathway—Year 7-10 (Year 7 Entry).*

Australian Educational Council (1989) *The Hobart Declaration on Schooling.*

Bianco, J. L. (1987) *National Policy on Languages.* Canberra: Australian Government Publishing Service.

Chamberlain, A. (1985) "A national language report": Report by senate standing committee on education and the arts, October 1984. *Journal of the Australian Federation of Modern Language Teachers Association*, 20(1), 4−9.

Department of Education and Early Childhood Development (DEECD) (2011) *The Victorian Government's Vision for Languages Education.* Melbourne: Department of Education and Early Childhood Development.

Department of Education and Early Childhood Development (DEECD) (2013) *Languages-expanding your World: Plan to Implement the Victorian Government's Vision for Languages Education 2013-2025.* Melbourne: Department of Education and Early Childhood Development.

Department of Education, Training and Employment (DETE) (2014) *Global Schools: Creating Successful Global Citizens (Draft).* Melbourne: Department of Education, Training and Employment.

Department of Education and Training (2016) *Victorian Early Years Learning and Development Framework: For all Children from Birth to Eight Years.* Melbourne: Department of Education and Training.

Department of Education and Training (2020) *Language Provision in Victorian Government Schools, 2019.* Melbourne: Department of Education and Training.

作者简介

韩曦,北京大学对外汉语教育学院副教授,研究方向为外国文学、中文国际推广、语言政策等。Email:hanxi@pku.edu.cn。

ABSTRACTS

DING, Luyao & YUE, Yao: Syntactic and Semantic Differences and Usage of Verbs *Jianyi* and *Tiyi*

As typical members of the verbs of "making a proposal" class, the verbs *jianyi* and *tiyi* are very similar both in meaning and usage. Although they are interchangeable in some contexts, their usage is not identical. On the basis of lexicographic interpretation and previous research, this paper reveals the propensity characteristics of the synonymous verbs *jianyi* and *tiyi* in actual use through the investigation of a certain scale of corpus, and finds that their differences mainly lie in: (1) semantically selecting different agents, performative contents and relationship between the agent and the patient of speech acts; (2) syntactically with different syntactic structures, involving varied subjects and objects, and prenominal modifiers; (3) pragmatically in different discourse patterns and the commonly occurring genres.

Key words: *jianyi*, *tiyi*, verb, synonym, comparison

LI, Yufeng: The Excessive as Core Meaning and the Subjective Evaluating Function of Degree Adverb *Tai*

From the excessive as core meaning of the adverb *tai*, this paper proves the logical relationship between the "excessiveness" and subjective evaluation as well as pragmatic tendency, tries to solve the dispute on the excess/high meaning of *tai* and the contradiction between negative evaluation and positive praise, explains pragmatic function tendency and the syntactic constraint of *tai*, and provides a concise theoretical basis for the teaching of *tai* to foreign learners of Chinese.

Key words: *tai*, excessive, anti-expectation, negative evaluation, excessive exclamation

MENG, Kai & JIA, Fenglai: Theoretical Implications and New Approaches to the Research on Chinese Compounds: Review of *The Oxford Handbook of Compounding*

The first 17 chapters of *The Oxford Handbook of Compounding* review theories of compounding from the perspectives of linguistics and psycholinguistics. Research on Chinese compound words could gain some theoretical implications in terms of the incorporation of multiple theories, the expansion on interface research, the combination of diachronic and synchronic research, and the promotion of interdisciplinary research. Chapter 26 "Sino-Tibetan: Mandarin Chinese" provides new approaches to the study of Mandarin Chinese compound words from the perspectives of classification and headedness. This chapter analyzes three macro-types of Chinese compounds (subordinate, attributive, and coordinate). According to the characteristics of Chinese compounds, this chapter proposes a new Head Position Principle, which argues left-headed, right-headed, and two-headed (coordinate) compounds all do exist in Chinese. Metacompounding can help draw a solution to the conflict between the exocentric surface and the endocentric underlying compounding by analyzing underlying compound constituents.

Key words: Mandarin Chinese, compound words, classification, headedness, *The Oxford Handbook of Compounding*

QI, Feng & TIAN, Ziye: A Study on the Errors of Chinese *Shi* Sentences by Central Asian Students

Based on the Chinese Interlanguage Corpus of Foreign Students from East China Normal University, this paper studies the grammatical errors of Central Asian students. Previous studies mainly classify the errors on the basis of grammatical structures, and on the narrow sense of *shi* sentences. This paper tries to adopt a new classification proposed by Shi Yuzhi (2005) which distinguishes *shi* as a judgement word, a focus marker, an emphasis marker, or a contrast marker, to classify all the *shi* sentences in the corpus. Combined with the error categorization proposed by Lu Jianji (1994) and the "correct frequency of use" in error analysis, this paper conducts a qualitative and a quantitative analysis. Reasons of the errors were further accounted for and finally corresponding teaching suggestions were provided.

Key words: Central Asian students, grammatical errors, *shi* sentences

DENG, Dan & LAU, Shze-Enn: A Study on Neutral Tone Learning of Malaysian Chinese: The Neutral Tone Teaching for Overseas Chinese

This study investigates the Malaysian Chinese's identification and production of neutral tones, discusses the teaching of neutral tone for overseas Chinese. It is found that the development of neutral tone identification and production is unbalanced in Malaysian Chinese. They performed better in distinguishing neutral tone words, as they recognized most of the regular neutral tone words, but their production was not ideal, and only some of the regular neutral tone words were with neutral tone pronunciation. The reasons for the imbalance in identification and production were given in this study, and the problems in neutral tone teaching for overseas Chinese were discussed.

Key words: neutral tone, ethnic Chinese, identification, production

YANG, Xuming; MA, Yiming & YANG, Jie: On the Feasibility of *Chinese Pinyin Scheme* for Teaching Chinese as a Foreign Language

Since its promulgation for more than 60 years, the *Chinese Pinyin Scheme*, as the cornerstone of Chinese phonetic spelling and teaching, has been performing its functions well and has a strong scientific and authoritative nature. However, during the implementation of the *Chinese Pinyin Scheme*, there have also been disputes, and some scholars considered that some designs such as the omission of letters and symbols in syllables, the use of Latin letters, the ultra-wide phonetic tools, and the symbols of aspirated and unaspirated sounds are not suitable for Chinese as second language teaching. Some "temporary flexible" rules of Chinese *pinyin* have appeared in teaching practice. This paper argues that it is viable to explore the unified "temporary flexibility" approach for Chinese second language teaching.

Key words: teaching Chinese as a second language, *Chinese Pinyin Scheme*, *pinyin* teaching

CHEN, Ya-Fang & HSIN, Shih-Chang: The Analysis and Compilation of Proverbs in Chinese Textbooks

Chinese proverbs entail rich cultural and rhetorical functions and appear in spoken and written Chinese frequently. For most native Chinese speakers, they are easy to use and learn, but it is not so for foreign Chinese learners. The reason is that only explanations but no practice for the proverbs were presented in textbooks, so it's hard for the learners to use the proverbs, although they understand their meanings. This study analyzes proverbs and their annotations, semantics, pragmatics and examples that are selected from 67 published Chinese language textbooks. It is found that most of the proverbs are explained in English, and it is insufficient in providing semantics, pragmatics, examples and exercises of the proverbs. This study provides suggestions and examples on compilation of Chinese textbooks in terms of structures, semantic explanations, pragmatic functions, examples and exercises on proverbs.

Key words: proverbs, Chinese textbooks, textbook compilation suggestions

WANG, Shuai & WANG, Zhirong: A Study on Chinese Language Classroom Interaction from a Multimodal Perspective

This study explores the interaction in Chinese language classroom from a multimodal perspective. It observed and analyzed the group interaction of selected Korean Chinese learners in a Chinese class, and summarized the modal resources used by the interactive participants and the modal application characteristics of typical interactive behaviors. It is found that there are 6 types of modes in classroom interaction, including language mode, eye mode, gesture mode, body posture mode, head motion mode and expression mode. The paper concludes the corresponding relations among interactive behaviors, behavior agents and modal application characteristics in classroom interaction.

Key words: multimodal, classroom interaction, modal application characteristics

WANG, Hui; ZHANG, Xinping & WEN, Weizhen: A Mixed-Class Design and Practice in "Cross-Cultural Communication" Course for Chinese and Foreign MTCSOL

It is of great advantage for a mixed class with both Chinese and foreign MTCSOL students in the "cross-cultural communication" course as compared with students in separate classes. In order to avoid the shortcomings of mixed class and give full play to its advantages, it is necessary to have careful design in terms of teaching objectives and teaching mode (process). Taking the topic "collectivism and individualism" as an example, this paper shows a complete rough teaching process. In the study an 11-

question questionnaire was conducted on the satisfaction of the class, course content and teaching methods at the end of that particular lesson. Results from the feedback of the students indicate the satisfaction from the vast majority of the students. The content and teaching methods of the course are further discussed on the basis of students' opinions and suggestions. The teaching mode of this course is of great reference value to improve the teaching of "cross-cultural communication" courses and similar courses.

Key words: Chinese and Foreign MTCSOL, "cross-cultural communication" course, a mixed class, teaching design, teaching practice

ZHANG, Li & WANG, Zhishang: A Study on the Evaluation on the Professional Education and Talent Development of Bachelor's Degree on TCSOL: Based on a Survey of the Graduates from Beijing Language and Culture University

Based on the questionnaire survey of 297 graduates (bachelor's degree) from Beijing Language and Culture University within the year 1987 to 2018, this paper analyzes the impact of professional knowledge system on employment and further education, as well as the evaluation on professional education and talent development. It is found that the graduates of Beijing Language and Culture University have outstanding professional knowledge and skills, and they show good comprehensive quality, but it is also found there are still some problems in curriculum design, practice, and internship.

Key words: Chinese international education, bachelor, graduates, evaluation

HAN, Xi: From the Perspective of the Evolution of Australian Language Policy to See the Foreign Language Education: A Case Study of Foreign Language Education in Victoria

Australia is a country of immigrants with rich language and cultural resources, however, not until 1970s the federal government has issued an explicit language policy. With the development and change of the world political and economic pattern since the mid-1970s, the language policy of Australia has evolved from creating a stable and harmonious social environment and helping immigrants master English to adapt to the new life to encouraging students to learn a second or third foreign language in addition to English to improve their cross-cultural communication ability to meet the needs of social development. Under the guidance of the federal government's policy, the number of learning foreign languages in Australian primary and secondary schools has been on the rise in recent years. As a major education province, Victoria plays a leading and exemplary role in foreign language teaching throughout Australia. Although it is leading in the number of Chinese learners, there is still room for further growth. The international promotion of Chinese in Australia has a long way to go.

Key words: Australia, language policy, foreign language teaching, Chinese language teaching

《汉语教学学刊》稿件体例

1. 稿件请用微软简体中文版 WORD 编辑。题目用小二号宋体,作者署名用四号仿宋体,正文用五号宋体,提要、关键词、注释和参考文献用小五号宋体,其中"提要""关键词"本身用小五号黑体,"注释""参考文献"本身用五号黑体。题目、作者名、提要、关键词的英译以及作者电子邮箱地址都用 Times New Roman 字体,题目、作者名的英译用 12 号,其余用 10.5 号。关键词之间用逗号隔开。正文行距为 1.15 倍。页边距为常规格式(上、下 2.54cm,左、右 3.18cm)。

2. 如有通信作者,用首页脚注形式,作者名后加上标＊;包括通信作者的电子邮箱、邮政编码、联系地址;用小五号宋体,英文和汉语拼音均用 Times New Roman 字体,如:通信作者:王×× wangsxx@sina.com 100871 北京市海淀区颐和园路 5 号 北京大学对外汉语教育学院。

3. 如有课题/项目,用首页脚注形式,文章标题后加上标＊,注明课题的类别、名称及编号。如:＊本研究为国家哲学社会科学基金一般项目"中国大学生跨文化能力综合评价研究"(10BYY091)的阶段性成果;名称用小五号宋体;括号及编号均用 Times New Roman 下的格式。

4. 正文第一级标题用小四号黑体,上下各空一行,标题序号用"一、二、三……"。第二级以下小标题用五号宋体加黑,节次可按如下格式编号:1.1、1.1.1、1.1.2;1.2、1.2.1、1.2.2,余类推。本刊只接受三级以内的小标题。

5. 例句独立列出者,用楷体,行首空两格,回行与首行序号之后的文字对齐;序号加圆括号,如:(1)(2)……;全文例句连续编号。

6. 文中若有图表,请在图表上方或下方用小五号黑体字注明序号及名称,如:图 1 ……;表 1 ……。若有复杂图表,不便在正文中排印者,请附在文末,并注明序号及名称,如:附图 1 ……;附表 1 ……。全文图表连续编号。为保持图表的准确性,请另附 PDF 版。

7. 文中采用国际音标,请加方括号,声调用五度标调法,标于音标右上角,如:好[xau^{214}]。采用汉语拼音,声调则用调号,如:nǐ hǎo。

8. 行文中引用原文者,请加"";引文独立成段者,请用楷体,第一行空四格,第二行以下空两格。

9. 注释采用尾注。注释号码用带圈阿拉伯数字右上标,如:完形①。请勿用自动标注。

10. 注明引文或观点出处,可采以下方式:

若所引之文或观点发表在期刊上,则为:陆俭明(1980)……;若所引之文或观点出自著作之中,则为:陆俭明(1993,84—85)……,逗号后的数字为页码,下同;若在所引之文后面用括号注明出自期刊或著作中的观点,则为:……(陆俭明 1980),或 ……(陆俭明 1993,84);若所转述的观点为不同的人持有,则为:……(Corder 1981;Krashen 1981);或 ……(James 1980;Ellis 1986,18—41)。三个作者及以上的,中文文献用第一作者加"等",如:朱德熙等(1961);外文文献用第一作者加 et al.,如:Tomasello et al.(1984)。

11. 重要术语:首次在国内语言学期刊上出现的术语须在括号内附上外文原文,但同一术语的外文原文不要重复出现。

12. 参考文献请按以下方式处理:

中文、日文文献排在西文文献之前;外文译著按中文文献处理;相同语种的文献按作者姓名的汉语拼音顺序或英文字母顺序排列;西文作者姓在前,名在后,姓名之间用逗号隔开。文献的作者或编者须全部列出,具体情况:(1)独立作者或编者的文献则使用完整姓名;(2)两个以上作者或编者之间中文文献统一使用顿号,如(史地夫、金磊、王晖),外文文献统一使用 &(不用 and),如 Cole, P. & Morgan, J.;(3)外文参考文献有多个作者时,均姓氏排前,后跟名字的首字母,如 Hauser, M., Chomsky, N. & Fitch, W.。具体格式如下:

中文著作:陆俭明(1993)《现代汉语句法论》,商务印书馆。

中文期刊:李晓琪(1995)中介语和汉语虚词教学,《世界汉语教学》第 4 期。

中文文集:彭聃龄(2003)汉字识别与连接主义模型,《对外汉语研究的跨学科探索》(赵金铭主编),191—206 页,北京语言大学出版社。

会议论文:柯彼德(2012)关于中国语言与文化在全球化世界中的地位和作用的若干思考,北京论坛(2012)文明的和谐与共同繁荣:"文明的构建:语言的沟通与典籍的传播"语言分论坛论文及摘要集,64—74 页,2012.11.02,北京大学。

英文著作:Kramsch, C. (1993) *Context and Culture in Language Teaching*. Oxford: Oxford University Press.

英文期刊:Martin, M. (1984) Advanced vocabulary teaching: The problem of synonyms. *Modern Language Journal*, 68, 130—137.

英文文集:Searle, J. (1975) Indirect speech acts. In Cole, P. & Morgan, J. (eds.). *Speech Acts*, 59—82. New York: Academic Press.

学位论文:金沛沛(2017)《汉语学习词典语用信息的选取与呈现研究》,北京大学博士学位论文。

研究报告：Cumming, A., Kantor, R., Baba, K., Eouanzoui, K., Erdosy, U. & James, M. (2006) Analysis of discourse features and verification of scoring levels for independent and integrated prototype written tasks for the new TOEFL test. TOEFL：Monograph Report No. 30.

网络文章：Sanders, N. (2003) Opacity and sound change in the Polish lexicon. http://sanders.phonologist.org/diss.html.（访问日期：××年××月××日）